企画展

隠岐の黒曜石
The Obsidian from OKI Islands

企画展
隠岐の黒曜石

［会　　期］　平成30年3月23日(金)～5月16日(水)
［会　　場］　島根県立古代出雲歴史博物館
［主　　催］　島根県立古代出雲歴史博物館、島根県古代文化センター
［特別協力］　国立民族学博物館
［後　　援］　朝日新聞松江総局、毎日新聞松江支局、読売新聞松江支局、
　　　　　　　産経新聞松江支局、日本経済新聞松江支局、中国新聞社、
　　　　　　　山陰中央新報社、新日本海新聞社、島根日日新聞社、共同通信社松江支局、
　　　　　　　時事通信社松江支局、NHK松江放送局、BSS山陰放送、日本海テレビ、
　　　　　　　テレビ朝日松江支局、TSK山陰中央テレビ、エフエム山陰、
　　　　　　　山陰ケーブルビジョン、出雲ケーブルビジョン、
　　　　　　　ひらたCATV株式会社、海士町教育委員会、あまコミュニティチャンネル、
　　　　　　　西ノ島町教育委員会、知夫村教育委員会、隠岐の島町教育委員会、
　　　　　　　隠岐ユネスコ世界ジオパーク推進協議会、国立大学法人島根大学、
　　　　　　　隠岐観光協会
［学芸担当］　稲田陽介(主担当/古代出雲歴史博物館主任学芸員)、
　　　　　　　目次謙一(専門学芸員)、東森　晋(専門研究員)、
　　　　　　　原田敏照(専門学芸員)、錦織稔之(専門学芸員)、
　　　　　　　東山信治(専門学芸員)
［研究事業］　テーマ研究「隠岐産黒曜石の獲得と利用の研究」
　　　　　　　　(平成25年度～平成28年度)
　　　　　客員研究員・アドバイザー
　　　　　　　稲田孝司(岡山大学名誉教授)
　　　　　　　竹広文明(広島大学教授)
　　　　　　　及川　穣(島根大学准教授)
　　　　　　　堤　　隆(浅間縄文ミュージアム館長)
　　　　　　　芝康次郎(奈良文化財研究所研究員)
　　　　　　　村上　久(コスモ建設コンサルタント常務取締役・隠岐支店長)
　　　　　　　八幡浩二(八幡黒耀石店)
　　　　　　　野津哲志(隠岐の島町教育委員会専門員)
　　　　　研究構成員
　　　　　　　稲田陽介(主担当)、丹羽野裕、柳浦俊一、錦織稔之、伊藤徳広
［展示企画・施工］　有限会社ササキ企画
［広　　報］　ミュージアムいちばた
［広報製作］　福代亜寿男(ミュージアムいちばた)
［美術輸送］　株式会社日本通運松江支店
［図録デザイン・印刷］　ハーベスト出版

凡例

1　本書は島根県立古代出雲歴史博物館　平成29年度企画展「隠岐の黒曜石」の展示図録である。
2　図録構成と展示構成は必ずしも一致しない。また、本書に掲載されている写真は展示品の全てではない。
3　本書に掲載する写真の掲載元は各項に明示した。記載のないものは当館撮影による。
4　本書で言う旧石器時代とは、基本的に全て後期旧石器時代を指す。
5　各章の執筆は、Ⅱ-4を伊藤が行い、それ以外を稲田が行った。トピック、コラムの執筆は、それぞれに担当者を記載している。本書の編集は稲田が行った。
6　堤隆氏(浅間縄文ミュージアム館長)と隅田祥光氏(長崎大学教育学部准教授)には玉稿を賜った。
7　本展の開催ならびに本書の作成にあたっては、所蔵者をはじめ多くの機関、個人のご協力をいただいた。巻末にご芳名を記し、謝意を表した。

ごあいさつ

　本企画展は平成25年度から平成28年度までの4年間、島根県古代文化センターの研究事業として実施した「隠岐産黒曜石の獲得と利用の研究」の成果を展示公開するものです。

　島根半島の沖合に浮かぶ離島、隠岐は独自の地質と生態系を持ち、中四国地方では唯一の黒曜石原産地として知られています。隠岐で採れる良質な黒曜石は、狩猟・採集を生業とする時代において、欠かすことのできない貴重な資源でした。その利用は日本列島に人類が登場した旧石器時代に始まり、先史時代を通して途切れることなく続きました。隠岐の黒曜石は、数万年にわたって人々を魅了し続ける価値を持っていたといえます。

　本展覧会では、先史人の残した石器製作の痕跡をたどりながら、隠岐に黒曜石を求めた人々の動きや、その背景にある黒曜石の魅力を描き出していきます。観覧を通じて、隠岐地域の豊かな歴史とその魅力に対する理解を深めていただければ幸いです。

　最後になりましたが、本展覧会の開催にあたり、貴重なご所蔵品を快くご出陳いただきました所有者の皆様、ご指導・ご協力いただきました多くの関係者・関係機関の皆様に、深く感謝の意を表します。

平成30年3月

島根県立古代出雲歴史博物館　館長　**今 岡　　充**

目次
- ごあいさつ
- 凡例

プロローグ　黒曜石の輝き ─── 5
　コラム　黒曜石の由来 ─── 9

第Ⅰ章　黒曜石の眠る島 ─── 11
　Ⅰ-1　隠岐諸島の形成 ─── 12
　Ⅰ-2　火山活動と黒曜石の誕生 ─── 14
　Ⅰ-3　黒曜石の分布と特徴 ─── 15
　Ⅰ-4　隠岐の先史文化 ─── 18
　Ⅰ-5　黒曜石の獲得者（オブシディアン・ハンター） ─── 21
　Ⅰ-6　黒曜石の港 ─── 25
　トピック1　先史人のアトリエ ─── 28
　コラム　化学的な分析対象としての黒曜石
　　　　　〜黒曜石製石器の原産地判別法〜 ─── 30
　コラム　遙かなる航海　〜からむし会の軌跡〜 ─── 32

第Ⅱ章　黒曜石の時代 ─── 33
　Ⅱ-1　狩の風景 ─── 34
　Ⅱ-2　黒曜石を携えた遊動民　－旧石器時代－ ─── 37
　トピック2　黒曜石利用のパイオニア達 ─── 54
　Ⅱ-3　流通網の整備と地域形成　－縄文時代－ ─── 57
　Ⅱ-4　黒曜石利用の終わり　－弥生時代－ ─── 70
　トピック3　有史以降の黒曜石　－利器以外の黒曜石利用－ ─── 79

第Ⅲ章　列島の黒曜石 ─── 81
　Ⅲ-1　列島最大の原産地　－北海道白滝－ ─── 82
　Ⅲ-2　縄文鉱山の開発　－長野県霧ヶ峰－ ─── 85
　Ⅲ-3　海の民の黒曜石　－東京都神津島－ ─── 90
　Ⅲ-4　職人の山　－佐賀県腰岳－ ─── 92
　Ⅲ-5　白い黒曜石　－大分県姫島－ ─── 95
　トピック4　神子柴遺跡出土石器群 ─── 97
　トピック5　世界の黒曜石 ─── 99

エピローグ　そして現代へ ─── 103
　近世から現代の黒曜石 ─── 104
　人と自然を結ぶ石－隠岐ユネスコ世界ジオパーク－ ─── 107
　コラム　黒曜石の地図　〜漆黒の耀きにうばわれし心〜 ─── 108

- 出品リスト ─── 109
- 主要参考文献 ─── 115

黒曜石の輝き
Obsidian's brilliance

プロローグ Prologue

黒曜石。
火山によって生み出された漆黒の岩石は、
狩猟採集を生業（なりわい）とする先史時代において
欠かすことの出来ない貴重な資源であった。
ここでは、様々な輝きを放つ
黒曜石の概要を紹介する。

黒曜石とは

　黒曜石とは、火山によって生み出された天然のガラスである。表面は黒く滑らかで、陽にかざせば鮮やかな輝きを放つ。打ち割るとナイフのように鋭く剥がれ、どんな獲物をも仕留めることのできる最強の道具へと生まれ変わる。狩猟採集の時代を生きた先史人達は、この燦然と輝く漆黒の石を好んで用いた。

　火山列島である日本では、北海道から九州に至る各地で黒曜石が産出する。現在までに確認されている産地は200ヶ所を越え、まさに日本を代表する岩石といえよう。だが、実際に石器として利用された産地はそれほど多くはない。彼らが好んだのは、均質で不純物を含まず、一定の大きさの原石が豊富に採れる原産地であった。代表的な産地としては、北海道白滝や長野県霧ヶ峰、島根県隠岐などがあげられる。それぞれが半径200Km前後の広域な流通圏を形成し、多様な石器文化を生み出した。

　日本で黒曜石の利用が始まったのは、約38,000年前の旧石器時代初頭にまで遡る。偉大なる旅路（グレートジャーニー）を経て列島に到達した現生人類は、新たな土地を探索する中で、日本各地に眠る黒曜石産地を見つけ出した。そして、黒曜石に魅せられた人々は、それ以降、旧石器時代、縄文時代、弥生時代と、途切れる事なく利用した。

　数万年にわたって先史人を魅了し続けた黒曜石。彼らを惹き付けた漆黒の輝きには、一体どんな価値が秘められているのだろうか。

1　日本列島の主な黒曜石原産地　（明治大学学術フロンティア推進事業事務局編2011より作成）

2 隠岐産黒曜石の石器
島根県西川津遺跡/原田遺跡/畑ノ前遺跡/宮尾遺跡/鳥取県坂長第8遺跡/岡山県東遺跡　旧石器時代〜弥生時代
島根県埋蔵文化財調査センター/隠岐の島町教育委員会/鳥取県埋蔵文化財センター/岡山理科大学　蔵

隠岐の黒曜石は、漆黒色で表面に縦模様が入るものが多い。隠岐から中国山地にかけて多用され、単発的な出土例としては、福井県鳥浜貝塚や同県櫛川鉢ヶ谷遺跡、三重県不動前遺跡、愛媛県猿川西ノ森遺跡などがある。

3 神子柴遺跡出土尖頭器
長野県神子柴遺跡　重要文化財　旧石器時代終末期〜縄文時代草創期
個人　蔵　（伊那市創造館　保管）
［写真提供：上伊那考古学会、Photo T.Ogawa］

長野県霧ヶ峰産黒曜石で作られた槍先で、日本最美の石器とも言われている。その美しく洗練されたフォルムからは、道具の域を越えた芸術品のような美しさが感じられる。

4 霧ヶ峰産黒曜石の石器
長野県仲町遺跡　旧石器時代～縄文時代
野尻湖ナウマンゾウ博物館　蔵
〔写真提供：野尻湖ナウマンゾウ博物館〕

長野県霧ヶ峰産黒曜石で作られた石器群。透明度が高く、光を当てると反対側が透けて見えるほどである。中を流れる漆黒の「もや」が石器の美しさを引き立てている。

5 白滝産黒曜石の石器
北海道旧白滝15遺跡　旧石器時代後半期
遠軽町教育委員会　蔵

北海道白滝産の黒曜石には、「花十勝石（はなとかち）」と呼ばれる赤い縞の入ったものが認められる。この赤い縞の正体は、鉄分が空気と反応してできる「赤鉄鉱」と考えられている。なお、本資料の長さ45.9cmの石刃は世界最大級の石刃と言われている。

コラム column

黒曜石の由来

　黒く曜く石と書いて「黒曜石」。どことなくエキゾチックな響きをもつその名前は、どのようにして名付けられたのだろうか。

　黒曜石の英名はObsidian（オブシディアン）という。古代ローマの博物学者プリニウスによれば、Obsidianの語源はラテン語でObsidianus Lapis（オブシディオスの石）で、Obsidiusという旅の旅行者がエチオピアで発見した石に似ているからだとされる。

　日本ではどうか。黒曜石は、江戸時代にはその存在が知られていたようで、地域ごとに様々な名前で呼ばれていた。隠岐では江戸時代の文献に「馬蹄石（ばていせき）」「龍馬石」「摺墨石（するすみいし）」などの名前で記載されている。このうち「馬蹄石」は現在でも地元で使われており、その由来は黒曜石が割れた時に表面に出てくる波紋が、馬の蹄に似ているからだとされる。

　黒曜石という名前も、当初は地域名の一つであった。黒曜石の名前を初めて紹介したのは、江戸時代の奇石収集家、木内石亭である。木内は著書『雲根志』の中で黒曜石のことを「漆石」として紹介し、地域によって「黒曜石」「黒羊石」「雷公墨（らいこうぼく）」「烏石（からすいし）」など呼び名が異なることを指摘している。興味深いのは、いずれも「黒」に注目した呼び名が多い点である。江戸時代の人達にとって、黒曜石の印象は「漆黒の色」であったことがうかがえる。

　黒曜石が学術用語として定着したのは明治に入ってからである。東京大学理学部助教授の和田維四郎はObsidianの訳語として「黒曜石」を採用した。和田は、様々な呼び名がある中で、最大の特徴である「色と輝き」を最も端的に表現した用語を選んだのである。ここに、黒曜石の名前が定着し、現代まで引き継がれることになる。

　なお、現代においては黒曜石に「耀」の字を当てて「黒耀石」と表記する場合がある。いずれも「かがやき」や「ひかり」を意味する同義語なので、どちらを使っても間違いではない。この他に、黒曜「石」ではなく黒曜「岩」とする場合もある。これは厳密な定義から言えば黒曜岩の方が正しい。地質学では、「石」とは石英や長石といった鉱物のことを指し、流紋岩や安山岩などを「岩」と表現する。黒曜石は、化学組成的に流紋岩に含まれるため、本来は「黒曜岩」と表記しなければならない。だが、考古学では黒曜石の用語がほぼ定着しているため、慣習的に黒曜石の名前を用いることが多い。

　さて、ここで強調しておきたいのは、どの名前にも共通して含まれているのは「黒く輝いている」ということ。これは江戸時代より私達が抱く黒曜石最大の特徴であり、由来と言える。この点さえ間違えなければ、たとえどのような呼び名を使っても、黒曜石は輝きを失わないだろう。

（稲田）

プロローグ　黒曜石の輝き

黒曜石の眠る島

第 I 章 Chapter I

Oki, obsidian islands

隠岐は中四国地方で
唯一の黒曜石原産地として知られている。
隠岐固有の地質が生み出した黒曜石は、
島で暮らす先史人達に大きな影響を与え、
独自の文化を育んでいった。
本章では隠岐の地質と黒曜石誕生のメカニズム、
そして黒曜石原産地という特別な環境下で形成された
隠岐の先史文化を紹介する。

Ⅰ-1　隠岐諸島の形成

　隠岐諸島は、島根半島の北東約40〜80kmにある4つの有人島と大小180余の無人島からなる。有人島のうち南西の中ノ島、西ノ島、知夫里島の3島を島前、北東の1島を島後と呼んでいる。

　隠岐諸島の形成は、超大陸パンゲアの時代から始まる地球規模の動きの中で、以下の5つのステージに分けられている。

ステージ1
　隠岐が大陸の一部だった時代である。この頃、海洋プレートの沈み込みに伴って隠岐変成岩類などの広域変成岩が形成された。変成作用のピークは約2億5000万年前と考えられている。

ステージ2
　日本列島が大陸から離れ、日本海が形成され始める時代である。この頃の形成された堆積岩や火山岩は、内部に化石を多く含んでおり、堆積時の環境が河川や湖沼から浅海→深海へと変化したことがうかがえる。

ステージ3
　この頃、大規模なアルカリ質の火山活動が起こった。島前では主に玄武岩が、島後では主に流紋岩のマグマが島内の各地で噴出し、この時のマグマの急冷作用によって黒曜石が生成された。

ステージ4
　やがて、火山活動が終息すると、火山体の急速な崩壊と、海成層の堆積が始まった。その後、約470万年前〜約40万年前に噴出した玄武岩には、マントルを由来とする捕獲岩が含まれることがある。

ステージ5
　一連の火山活動の終了後から、現代までの時代である。半島から孤島になり、現在の隠岐諸島の姿になった。隠岐に現生人類が登場し、多くの遺跡を残した。約24,000年前の最終氷期最寒冷期（LGM）には海面が今より140mほど低下し、本土と陸続きになった。最終氷期が過ぎると徐々に温暖化が進み、再び島へと戻っていった。

6　隠岐諸島の位置

7 隠岐諸島の形成過程　[画像提供:隠岐ユネスコ世界ジオパーク推進協議会]

[ステージ1]
大陸の時代
約2億5,000万年前〜2,600万年前

[ステージ2]
日本海形成の時代
約2,600万年前〜1,000万年前

[ステージ3〜4]
火山活動の時代
約1,000万年前〜40万年前

[ステージ5]
半島から孤島の時代
約40万年前〜現代

8 ステージ1〜4の岩石　隠岐の島町教育委員会　蔵

8-1 ステージ1　隠岐変成岩類

8-2 ステージ2　砂岩・泥岩・珪藻土

8-3 ステージ3　黒曜石・流紋岩・粗面岩

8-4 ステージ4　アルカリ玄武岩・かんらん岩と輝石

Ⅰ-2　火山活動と黒曜石の誕生

　黒曜石は、流紋岩からデイサイト質の火山岩である。70％以上が二酸化ケイ素で構成された天然ガラスで、高温のマグマが、地表面や火道の壁面との接触部で急速に冷やされることで生成される。火道の壁面で形成されたものは、後から噴出した溶岩の捕獲岩や、火砕岩中の礫として地上に露出した。

　隠岐の黒曜石は、ステージ3に島後で起こった流紋岩マグマの火山活動によって誕生した。その時期は、およそ550万年前と推測されている。

　島後北部にある久見では、大規模な黒曜石の露頭が確認されている。黒曜石は、灰白色～淡桃灰色のガラス質流紋岩の火道中に、捕獲岩として存在しており、産状から火道で形成された黒曜石が、引き続くマグマの上昇で捕獲されたものと考えられている。

　島後南東部の産地である津井では、火道のほかに火山の噴出物である火砕岩の中に礫として黒曜石が含まれている。

　なお、同時期には島前では大規模な玄武岩や粗面岩の噴火が起こったが、黒曜石は生成されていない。

9　久見の黒曜石露頭

10　黒曜石の包含状況

天然ガラスである黒曜石が黒く見えるのは、内部に光を通さない磁鉄鉱が多く含まれているからと考えられている。

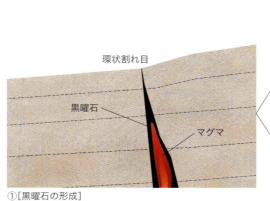

①[黒曜石の形成]
　環状割れ目に沿って流紋岩マグマが地下に貫入。急冷・固化して黒曜石が形成される。

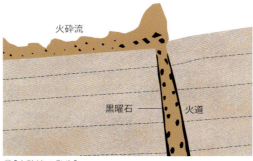

②[火砕流の発生]
　マグマが①の火道を壊しながら再び上昇し、火砕流として噴火（黒曜石は火砕流の礫として産出）。

③[溶岩の噴出]
　次のマグマが①の火道を押し広げて上昇し、黒曜石を捕獲（捕獲岩として産出）。あるいは、流れ出た溶岩が地表と接触して急冷し、黒曜石が形成。

11　火山活動と黒曜石の誕生　（村上2017より作成）

I-3 黒曜石の分布と特徴

ステージ3の噴火は、島後の複数の場所で起こっており、そのため黒曜石も島の広い範囲に点在している。隠岐の黒曜石は、島後の北西から南東にかけて分布する重栖層の中に含まれ、現在までに、20ヶ所以上の地点で黒曜石が見つかっている。これらの地点は、分布や元素組成から北部の久見地域、南西部の加茂地域、南東部の津井地域に分けられる。

隠岐の黒曜石は、基本的に黒色でガラス質のものが多く採取されるが、細かく見ると地域ごとに異なった特徴が見て取れる。

久見地域は、隠岐の黒曜石の中で最も質が良いとされる。不純物をほとんど含まず、表面に薄く縞が入るという特徴がある。他の地域と比べて大振りなものが多く、時には人の体ほどの大きさの原石が見つかることもある。現代でも、工芸品の原料として黒曜石の採掘が行われている。

加茂地域では、不純物が多く、安山岩質の黒曜石が採れる。今ではあまり大きな原石は拾えないが、以前は人頭大の原石を手に入れることができたという。

津井地域では、男池、女池周辺の丘陵から、ピンポン玉程度の小振りな原石が多く見つかる。割れ口は非常に綺麗で、油を塗ったような光沢を持つ。近世の文献によると、かつては硯など工芸品の原料として利用されていたとされる。

12 隠岐の主な黒曜石産地と重栖層の分布　(及川他2014・2015、村上2018より作成)

13 久見地域の巨大原石　個人　蔵
久見地域で採取された人の体ほどもある巨大原石で、重量は87.5kgを測る。

14 久見地域の黒曜石　個人　蔵

14-1 久見採集

14-2 久見高丸採集

14-3 沖ノ浦採集

14-4 鳥越採集

15 加茂地域の黒曜石　個人　蔵

15-1 神尾採集

15-2 加茂サスカ採集

15-3 箕浦採集

15-4 岸浜採集

16 津井地域の黒曜石
男池採集
個人　蔵

I-4　隠岐の先史文化

　隠岐で最も古い資料は、島後の東船遺跡や島前の美田小向遺跡で出土した黒曜石製の台形様石器で、約30,000年以前の旧石器時代前半期に位置付けられる。この頃は、日本列島に初めてヒトが出現、定着した時期にあたり、列島最古の段階から、すでに隠岐産黒曜石が利用されていたことが分かる。

　続く縄文時代には、豊富な黒曜石を使って大量の石器が製作される。どの遺跡でも、とても一つの集団では消費しきれないほどの量が用いられ、まだ利用可能な大型の石核や剥片が無造作に捨てられていることもある。東船遺跡では、17cmもある巨大な石核が、ほとんど消費されることなく廃棄されていた。こうした状況は、島後と島前で共通しており、両島の間で頻繁に黒曜石流通が行われていたことがうかがえる。

　弥生時代の黒曜石利用は、不明な点が多い。東船遺跡の事例では、竪穴住居から黒曜石の剥片が出土しており、同時に出土した土器から弥生時代後期の資料と推測されている。数は多くないものの、隠岐の黒曜石利用の終焉を探る上で、重要な資料と言える。

17　隠岐の先史時代の遺跡分布

■島後の遺跡

18 東船遺跡出土遺物
隠岐の島町東船遺跡　旧石器時代前半期〜弥生時代後期
島根県埋蔵文化財調査センター/隠岐の島町教育委員会　蔵

19 中山遺跡・森遺跡出土遺物
隠岐の島町中山遺跡/森遺跡　縄文時代
隠岐の島町教育委員会　蔵

20 中村湊遺跡出土遺物
隠岐の島町中村湊遺跡　縄文時代後期〜晩期
隠岐の島町教育委員会　蔵

■島前の遺跡

21　美田小向遺跡出土石器群
　西ノ島町美田小向遺跡　旧石器時代前半期
　西ノ島町教育委員会/島根大学考古学研究室　蔵

22　郡山（こおりやま）遺跡出土遺物
　海士町郡山遺跡　縄文時代中期主体
　海士町教育委員会　蔵

四河遺跡では今は隠岐に生息していないイノシシの歯が出土している。本土との交換によって手に入れたか、もしくは縄文時代の隠岐にイノシシがいた可能性が考えられる。

23　四河（よか）遺跡出土遺物
　西ノ島町四河遺跡　縄文時代後期〜晩期
　西ノ島町教育委員会　蔵

I-5 黒曜石の獲得者(オブシディアン・ハンター)

　隠岐の黒曜石は、どのような人達によって獲得されたのだろうか。この問いに答えるため、黒曜石原産地に立地する久見高丸遺跡の発掘調査では、地質学と、考古学による共同研究が行なわれた。その結果、浮上してきたのは、他地域で想定されているような大規模な採掘活動を伴うものではなく、数名程度による小規模な採石の姿であった。

　久見高丸遺跡は、久見地域の黒曜石露頭(重栖層)上に立地する、原産地遺跡である。露頭は、自然の作用によって幅6メートル、高さ4メートルに渡って大きく削られており、中には土砂が厚く堆積していた。この土砂にパックされる形で、近現代から先史時代までの、複数の黒曜石石器群が見つかった。

　このうち、先史時代の石器群は、最下層付近の11層と15層から出土した。年代は、技術的な特徴や炭化物の年代測定から、両者とも約11,000年前の縄文時代早期初頭であることが判明した。

　出土点数は、フルイによって回収したものを含めて3,853点であった。これは、数万点～数十万点に及ぶ他地域の原産地遺跡と比べると、異常とも言えるほどの少なさである。ここから、久見高丸に来ていた縄文人は数人程度の小集団で、作業も小規模なものであったと推測することができる。

　石器の内容を調べると、礫面の付着した剥片類が大半で、石鏃や尖頭器などを作った痕跡は、全く認められなかった。その一方で、石核はほとんど出土しておらず、原石や剥片類と石核の割合が不釣り合いであることが分かった。従って久見高丸遺跡では、黒曜石の表面を剥ぎ取り、石器製作の容易なガラス質の部分のみを持ち去っていたと推測される。

　これらの石器群は、重栖層の二次堆積土の中に含まれていた。この堆積土の由来を調べた結果、露頭(重栖層)の壁から崩れ落ちてきたような堆積をしていることが分かった。露頭自体は崩落によって消滅してしまっていたが、様々な状況証拠から、縄文人達が目の前にある黒曜石の露頭を切り崩しながら、黒曜石を採っていた可能性が想定された。

　以上の所見から、久見高丸遺跡における黒曜石の獲得者(オブシディアン・ハンター)達の姿を想像してみよう。

　11,000年前の縄文時代早期初頭、黒曜石を手に入れるために久見に訪れたのは、数人程度の小集団だった。彼らは、久見高丸の地で黒曜石の露頭を発見すると、露頭の壁を切り崩しながら目的の黒曜石を採取した。手に入れた黒曜石は、その場で表面を剥ぎ取り、石器作りに適したガラス質の部分のみを携えてその場を去っていった。

　その後、彼らがどこへ行ったのかは分かっていない。だが、今後の調査で彼らが運んだ黒曜石を発見することができれば、11,000年前に生きた人々の行動の軌跡を復元することができるだろう。

24 重栖層と石器の包含状況
[写真提供：隠岐の島町教育委員会]

白色の重栖層の壁が大きく削られている。中の土砂には黒曜石の石器が列状に挟まれていた。

25 久見高丸遺跡の航空写真
[写真提供：隠岐の島町教育委員会]

26 久見高丸遺跡の調査区
[写真提供：隠岐の島町教育委員会]

27 黒曜石石器群の出土状況
[写真提供：隠岐の島町教育委員会]

石器は、幅50cm程度の狭い範囲に密集して出土した。石器の間には、多数の礫と重栖層の岩砕が含まれていた。

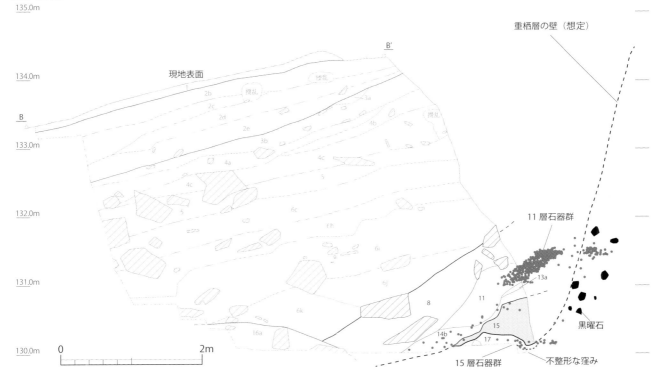

28 石器の出土状況と想定される重栖層の壁　（稲田他2017より作成）

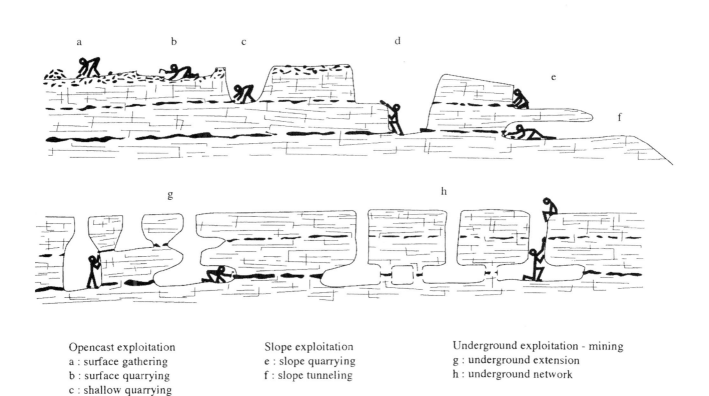

Opencast exploitation
　a：surface gathering
　b：surface quarrying
　c：shallow quarrying
　d：deep quarrying

Slope exploitation
　e：slope quarrying
　f：slope tunneling

Underground exploitation - mining
　g：underground extension
　h：underground network

29　Gauvryの資源獲得モデル　（Gauvry2008より転載）

久見高丸遺跡で想定されるのはe：Slope quarryingである。他にも、a：surface gatheringやb：surface quarryingなども考えられる。

30 久見高丸遺跡出土石器群
隠岐の島町久見高丸遺跡　縄文時代早期
隠岐の島町教育委員会　蔵

久見高丸遺跡では、原石1,388点、石核18点、剥片類2,329点、石錐2点、削器5点、加工痕のある剥片64点、微細剥離痕のある剥片47点が出土している。石器の大半が原石と剥片である一方、石核の数が極端に少ないことが分かる。このことから、久見高丸遺跡では石核へ加工してから、遺跡外へ持ち出していたことがうかがえる。

31 久見宮ノ尾遺跡の石器群
隠岐の島町久見宮ノ尾遺跡　旧石器時代後半〜終末期
島根大学考古学研究室　蔵

久見高丸遺跡から、約2kmほどの場所で新たに発見された原産地遺跡で、尖頭器の未製品や彫器が出土している。久見高丸遺跡の成果と合わせて隠岐産黒曜石の資源開発の様相が明らかにできるものと期待される。

I-6　黒曜石の港

　島後の南端、西郷湾に張り出した小さな台地の上に宮尾遺跡は存在する。宮尾遺跡は、遺跡の立地状況や黒曜石の出土量の多さから、今から約5,000年前の縄文時代前期に、黒曜石を本土へと送る交易基地であったと考えられている。

　宮尾遺跡では原石や剥片などを中心に、約3,500点の黒曜石石器群が出土している。原石や剥片が多く、石核や剥片に加工してから本土に運んでいたと推測される。

　今回、宮尾遺跡の黒曜石の産地を調べるために、蛍光X線分析装置を用いた原産地分析を行った。その結果、宮尾遺跡では久見、加茂、津井の3地域から黒曜石が持ち込まれていたことが判明した。つまり、宮尾の縄文人達は、特定の産地からのみ黒曜石を手に入れるのではなく、隠岐中から黒曜石を入手していたと想定される。

　原産地分析の結果を細かく見てみると、さらに興味深いことが分かった。産地別の割合を見てみると、最も多く持ち込まれたのは、宮尾遺跡から遠く離れた久見地域の黒曜石であった。続いて多いのは、遺跡の近隣にある津井地域の黒曜石で、最も少ないのは加茂地域であった。つまり、宮尾遺跡の縄文人達は、近くの津井地域で黒曜石が採れることを知っていながらも、わざわざ遠方の久見地域の黒曜石を多く入手していたのである。

　分析された資料を見ると、久見地域の黒曜石は大型品が多く、石鏃など形の整った石器への加工が認められる。一方、津井や加茂の黒曜石は小型品ばかりで、石鏃など形の整った石器への加工も少ない。これは、隠岐の黒曜石の中でも久見地域のものが大型で質も良く、加工がし易かったことを示しているのではないだろうか。久見地域の黒曜石は、遠方であることを考慮してもなお、手に入れたい上質の品であったと推測される。

32　宮尾遺跡位置図

33　宮尾遺跡の黒曜石獲得地

34 宮尾遺跡出土黒曜石石器群
隠岐の島町宮尾遺跡　縄文時代前期
隠岐の島町教育委員会　蔵

34-1　久見地域と判定された黒曜石石器群

34-2　加茂地域と判定された黒曜石石器群

34-3　津井地域と判定された黒曜石石器群

35　宮尾遺跡出土遺物
隠岐の島町宮尾遺跡　縄文時代前期
隠岐の島町教育委員会　蔵

宮尾遺跡では、黒曜石以外にも石皿や磨石、石錘といった縄文時代に一般的な生活道具も出土している。従って、黒曜石の加工や搬出だけでなく、日常的な生活も営まれていたことがわかる。

トピック1

先史人のアトリエ

　石器は石を割って作られる。この石を割った場所が発掘調査で発見されることがある。直径1〜5mほどの範囲に剥片や石核、ナイフ形石器などの製作を目的とする石器の失敗品などが完成品も含め一定の範囲内で検出される。この石器が集中して出土する範囲は「石器ブロック」あるいは「石器ユニット」と呼ばれる。

　この石器ブロックはよく観察すると小さな剥片が散乱する範囲や失敗品が集中する範囲、素材となる石核などがかたまっている場所が見られ、また、石器があまり分布しないわずかな空間が存在することもある。これら石器ブロック内での石器分布の一つ一つの要素を抽出し検討することで、石器を割った人数やどこに座りどちらを向いて石器を割ったか、どこに石器を置いたかなど旧石器人の作業中の動きや思考を推定することができる。旧石器時代は縄文時代以降の考古学研究と比べ研究対象となる遺物がほぼ石器に限られる。したがって、おのずと石器そのものの研究が進んできたのである。石器一個を詳細に観察し、石のどの部分をどの方向からどちら向きに打撃を加えたのか、この剥離面の意図は何かなどを細かく研究するのである。一つの石器を製作するために旧石器人が考え出したプロセスを石器の剥離面の観察や接合を行うことで復元し、旧石器人の思考を読み解くのである。現在旧石器時代の研究では、旧石器人は手順を考えず石を割って目的とする石器を生み出しているわけではなく、目的とする石器に適した石材を入手するところから石器を完成させ、使用するまでを考えながら生活していると想定されている。これは石器の石材分析により、黒曜石であればよく利用される石器があることなど、個々の石材で製作する石器にある程度の特徴があることがわかっている。そのためにわざわざ中国地方の旧石器人は隠岐諸島の黒曜石を求めるのである。鳥取県豊成叶林遺跡では石器ブロックの検討と石材の分析から旧石器人がどのように広域で移動していたか、遺跡内でどのような作業が行われたか具体的に検討されている。その結果、ある石器ブロックは一人の石器製作者が短時間に石器を作った場所であると想定されている。また遺跡と黒曜石の原産地である隠岐諸島、玉髄の原産地である松江市玉湯町周辺、遺跡に近い大山山麓や古隠岐平原などを狩猟の場として巡回していた行動様式が復元されているのである。

　旧石器時代の研究は、旧石器人が石を割るという非常に単純な行動そのものによって生み出された個々の石器を詳細に観察し、石器の出土状況などを検討することによって行われている。したがって、石器を研究することは旧石器人の行動そのものをダイレクトに研究することになるのである。

　「石器しか出土せずわかりにくい」と言われる旧石器時代の研究とは、石器の研究を行うことで人類の思考や行動様式を直接検討できる分野といえるのである。そのためにも発掘調査で事実を確実に記録することが重要なのは言うまでも無い。　　　　（伊藤）

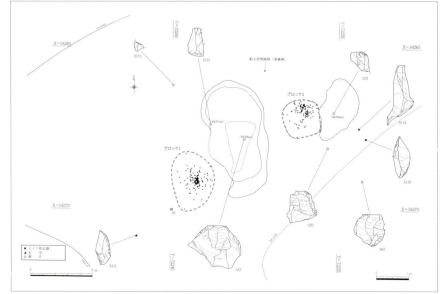

36　豊成叶林遺跡の石器ブロック1・2　（濱他2013より転載）

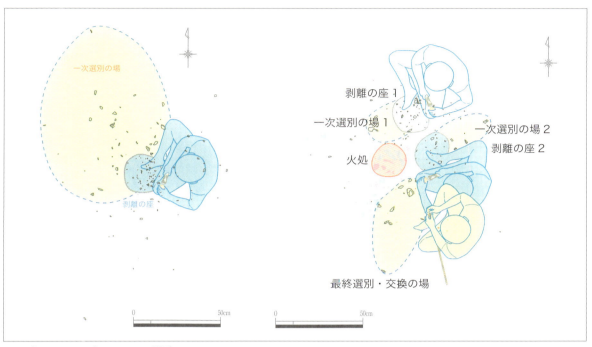

37　ブロック1・ブロック2の構造　（濱他2013より転載）

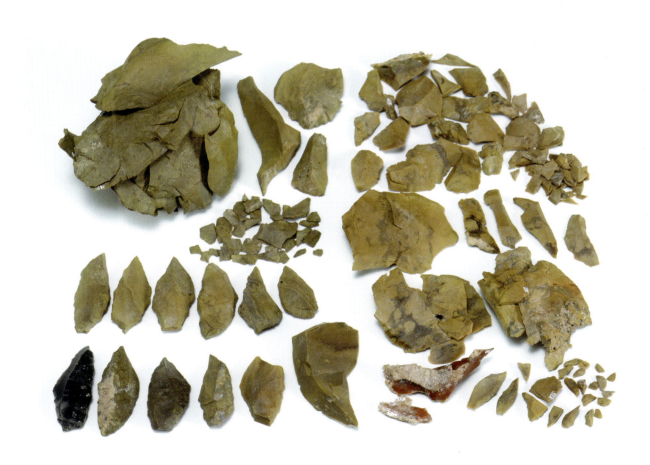

38　豊成叶林遺跡出土石器群
鳥取県豊成叶林遺跡　鳥取県指定文化財　旧石器時代前半期
鳥取県埋蔵文化財センター　蔵
[写真提供：鳥取県埋蔵文化財センター]

コラム column

化学的な分析対象としての黒曜石　〜黒曜石製石器の原産地判別法〜

　液体・気体・固体というのは、中学校の理科でも学習する物質の状態変化である。私たちの身の回りに存在する地表の石（岩石）は固体であるが、高温の地下深部では液体となりそれをマグマと呼ぶ。このマグマが冷えて再び固体になったものを火成岩と呼ぶ。火成岩中には、規則的な分子構造と化学組成を持った石英のような結晶とともに、不規則な分子構造や化学組成を持った非晶質なガラスがしばしば含まれ、このようなガラスを含む火成岩は火山岩とも呼ばれる。

　黒曜石は、そのほとんどがガラスによって形成される岩石で、地球上の様々な種類の火山岩の中でも二酸化ケイ素の含有率が非常に高いという特徴がある（>72wt%）。一般的に、岩石は二酸化ケイ素の含有率が高くなると融点が低くなり、マグマの状態では粘性率が高くなるという性質がある。一方で、液体から固体に状態変化するときにガラスが形成され易い条件とは、1）冷却速度が速いこと、2）液体の状態における物質の粘性率が高いこと、3）融点が低いことが挙げられる。そのために一般的な黒曜石は、二酸化ケイ素の含有率が非常に高いものに限られ、その含有率は石英ガラスを除く工業的に生産されるガラス（ホウケイ酸ガラスやソーダ石灰ガラス）とほぼ同じである。

　このように、黒曜石はマグマが急激に冷えて固まったガラスであるため、マグマがゆっくりと冷え固まって形成される結晶のみにより構成される深成岩などの岩石に比べ、どこの部分を切り取っても均一な化学組成を持っている。さらに、黒曜石を形成するような二酸化ケイ素の含有率の高いマグマは、二酸化ケイ素の含有率の低いマグマ（玄武岩質マグマなど）の分化作用により形成されたり、一度冷え固まった玄武岩質マグマが再び溶融されたりすることによって形成される。このために黒曜石の組成的な多様性は火成岩の中でも非常に大きく、産出する地域や地点ごとに組成的な特徴づけをすることが比較的、容易となる。すなわち、石器の原材料として頻繁に使用される黒曜石は、組成的な均一性が高く、組成的な多様性が高いために、化学的な分析によって石器の原産地を特定していく素材として最適なものと言える。

　黒曜石製石器の原産地判別のための化学的な分析は、日本国内では一般的に蛍光X線分析法が用いられる。また、特に石器を非破壊で分析するために、エネルギー分散型蛍光X線分析装置が主に使用される。この分析装置を用いて黒曜石製石器の原産地を判別していくためには、まず始めに様々な黒曜石原産地の原石試料の分析値のデータベースを構築していく。次に石器の分析を行い、その分析値に一致するもの、もしくは最も近いものを原石のデータベースの中から探し出す。最終的には、この結果と黒曜石原産地の地理的状況や産状、黒曜石の原石の外観などの情報から、石器の原産地を判別していく。このように、黒曜石製石器の原産地を判別していくためには、黒曜石原産地の原石試料を取り揃えるとともに、原産地に関する様々な情報を一つのデータベースとして集約していくことが重要である。島根県隠岐島後では2013年から実施された島根県古代文化センター、島根大学法文学部、長崎大学教育学部、明治大学黒耀石研究センターなどによる合同調査によって20箇所以上の黒曜石原産地が報告されている。さらに、波長分散型蛍光X線分析装置による高精度な化学分析を行うことで隠岐島後の黒曜石原産地は9つの組成グループに分けられることが明らかにされている。これらの成果を基礎に、島根県古代文化センターでは、エネルギー分散型蛍光X線分析装置を用いた、島根県内の遺跡から発掘された黒曜石製石器の原産地判別が実践されるに至っている。

（隅田祥光／長崎大学）

39 島根県古代文化センター設置のエネルギー分散型蛍光X線分析装置を用いて黒曜石の元素分析を実施している様子。

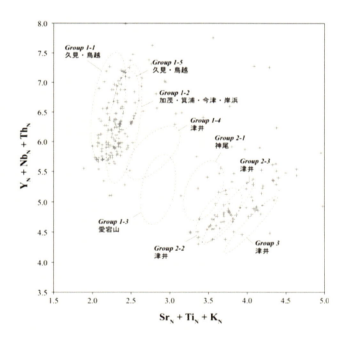

40 隠岐島後内の黒曜石原産地の判別図。破線で示される楕円は原産地の組成グループ（Group1-1〜Group 3）の組成範囲を表す。図中の「+」は石器（宮尾遺跡）の分析値を表す。全ての分析値は標準試料（JR-1）の推奨値で規格化している。

コラム column

遥かなる航海 〜からむし会の軌跡〜

　衣食住の全てを手作りの道具でまかなっていた時代の生活を、体験を通して学ぶ「縄文時代の一日を再現する会」（通称からむし会）は、松江市立津田小学校の教員を中心に結成された。「からむし」とは古代の人々が衣服や魚を採る網などに使っていた草の名前である。

　竪穴住居の復元を皮切りに、織物・食物・道具・土器作りといった様々な体験学習を続けていた会員たちは、一つの大きな疑問にぶつかった。山陰の縄文時代の遺跡からは、隠岐産の黒曜石が多数出土するが、どのようにして本土へと運ばれたのか。「縄文人は丸木舟で日本海を往来した」と仮説を立てた「からむし会」は、実際に自分達で丸木舟を作り航海することで証明することを計画した。

　計画は丸木舟の資料集めから始まり、データ収集用模型「からむしⅠ世号」の製作、巨大な原木探しへと進む。見つかった原木は津田小学校に持ち込まれ2ヶ月にわたって加工作業が行われた。学校帰りの子どもたちが励ましの声をかけ、取材関係者も訪れるようになる。夜遅くまで続く作業から活動を知った地域の人々も声をかけたり手伝ったりするようになった。「からむし会」の挑戦は実験考古学の域を越え、しだいに地域の期待を担う壮挙としての性格を帯びていった。

　昭和56年（1981）7月22日朝、旧西郷町東郷の宮尾遺跡から丸木舟「からむしⅡ世号」が出発した。船の大きさは長さ8.2m、幅64cmの5人乗りで、15キロの黒曜石が積み込まれた。途中島前を経由し、日本海を越えて遥か美保関町の七類港まで人力で漕ぎ渡る挑戦が始まった。同日午後に旧都万村蛸木（たくぎ）に到着し、翌23日は早朝に知夫村を目指して出発した。途中、海士町木路ヶ崎（きろがさき）を通過する頃には波が高くなって浸水するなど、困難な場面もあったが、午後には無事知夫村郡（こおり）港に到着した。24日4時40分、いよいよ50km先の本土を目指して出発。会員13人が交代で漕ぎ、12時間43分をかけて見事日本海を渡りきり、大歓声の中、七類港に到着した。

　会員たちは2年間にわたる活動を通じて、自然の中でたくましく生き抜いた祖先の生き方に、共感と尊敬の念をいだいている。中でも「からむしⅡ世号」の挑戦は、巨大なモミの原木の加工や、頭から波をかぶった時の戦慄、上陸した時の喜びなど、遠い昔の縄文人と共通に体験した一瞬、一瞬だったと信じている。一方で、挑戦の成功の最大の要因は、丸木舟そのものの性能に負うところが大きかったと冷静にまとめている。

　平成が30年を迎えた今日、自ら作った丸木舟の長所と短所を理解し、専門家の限界を越えた昭和の教員達の冒険は、あらためて語り伝えたい物語である。
　　　　　　　　　　（東森）

41　日本海を渡る「からむしⅡ世号」
[写真提供：からむし会]

第Ⅱ章 黒曜石の時代
At the age of obsidian

有史以前、生業(なりわい)の中心は狩猟や採集であった。
隠岐から運ばれてきた黒曜石は、
主に狩りや加工の道具として利用され、
人から人へと伝えられながら、
中国地方の各地へと広がっていった。
本章では、黒曜石の利用をめぐる人の動きと
歴史のダイナミズムを紐解く。

Ⅱ-1　狩りの風景

　狩りとは、人類で最も古い生業の一つである。先史人たちは過酷な自然環境を生き抜くため、同時代に生息した様々な動物を狩りの対象とした。

　狩りの風景は、旧石器時代と縄文・弥生時代で大きく異なる。氷期にあたる旧石器時代は、主に槍を使い、ナウマンゾウやオオツノジカなどの大型動物を狩った。現在では、これらの大型動物は絶滅しており、その原因として人間の過剰狩猟（オーバーキル）や環境変動などの説が唱えられている。

　大型動物が絶滅すると、シカやイノシシといった中型・小型の動物を狙うようになる。縄文時代に登場する弓矢は、森の中で逃げ回る中小動物を射止めるために開発されたと考えられている。

　黒曜石は、槍や矢の先端に取り付けられ、狩猟具の威力を上げるのに使われた。鋭利な天然ガラスである黒曜石は、動物の肉を切り裂き、時には骨にまで到達するほどの威力を持った。たとえ一撃が致命傷にならなくても、体内で細かく砕けた黒曜石は出血を促し、逃げた動物の体力を徐々に奪っていった。黒曜石の槍や弓矢は、先史人達にとって最強の装備であったと言えよう。

42　旧石器時代の狩猟風景
［画像提供：西ノ島町教育委員会］

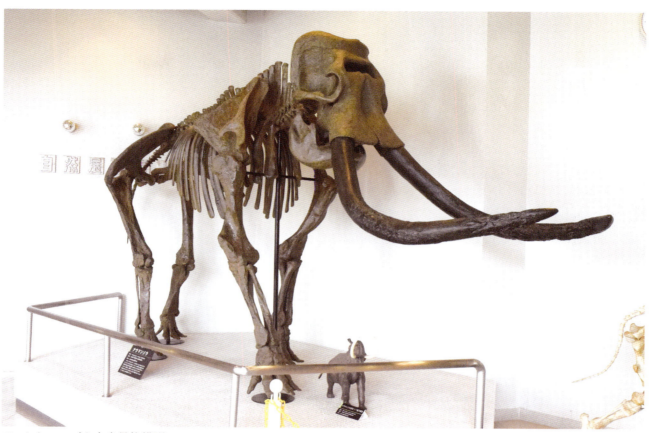

43 ナウマンゾウ全身骨格模型
岐阜県博物館　蔵

ナウマンゾウは、約40万年前から約2万年前頃まで日本列島に広く生息していた。この標本は、北海道中川郡幕別町で発見された化石から復元されたもので、体長3.3m（牙を入れると約4.7m）、肩高2.4mのオスと考えられている。

44 ナウマンゾウ化石
個人　蔵

ナウマンゾウの左切歯と右下顎第3大臼歯である。切歯は西ノ島町の海底から、臼歯は隠岐の島町の沖合で、それぞれ引き上げられたものとされている。^{14}C年代測定で切歯が41,332-40,882calBP±1σ、臼歯が32,412-31,879calBP±1σの値が得られている。

45 シカの角
島根県西川津遺跡　縄文時代
島根県埋蔵文化財調査センター　蔵

頭部から切断されたシカの角。落角前の角は、骨角器や石器製作用の加工具として用いられた。

46 シカの脛骨
島根県西川津遺跡　縄文時代
島根県埋蔵文化財調査センター　蔵

本資料も人為的に破砕され、骨髄を取り出したと考えられている。

47 イノシシ頭骨
島根県佐太講武貝塚　縄文時代前期
松江市教育委員会　蔵

人為的に割られたイノシシの頭骨。仕留められた動物は、その場で解体されて集落に運ばれた。頭骨は分割され、脳髄を取り出して食用や皮なめしに使われたと考えられている。

II-2 黒曜石を携えた遊動民 −旧石器時代−

II-2-1 旧石器時代とは

　旧石器時代は、人類が石の道具を使いはじめた約300万年前から始まり、前期、中期、後期に分けられる。このうち、後期旧石器時代（以下、後期を省略）は、日本列島に現生人類（ホモ・サピエンス）が現れた時代で、日本では約38,000年前〜16,500年前までが相当する。

　今から約20万年前、アフリカで誕生した現生人類は、偉大なる旅路（グレートジャーニー）の果てに日本列島へと到達した。近年の研究では、その時期はおよそ38,000年前と考えられている。当時、日本列島と大陸は海によって隔てられていたため、彼らは海を越えてやってきた航海者だったと言われている。

　旧石器時代の気候は最終氷期と呼ばれ、今よりずっと寒冷であった。植生も現在とは大きく異なり、落葉広葉樹や針葉樹が広く繁茂していた。約24,000年前頃には、最終氷期の中でも最も寒い最寒冷期（LGM）が訪れ、海水面が今より140m低下して隠岐と島根半島は陸続きとなった。

　旧石器時代の人々の生活は、木の枝や皮などに覆われた簡易テントに暮らし、ある範囲内を移動しながら暮らす「遊動（ゆうどう）」と呼ばれる生活スタイルをとっていた。彼らは、動物や石材資源を探しながら、広大な範囲を移動していたと考えられている。

　中国地方の旧石器時代は、主要な石器の組み合わせによって大きく前半期、後半期、終末期の三つに区分されている。

48　港川人1号男性頭骨レプリカ
沖縄県港川遺跡　旧石器時代後半期
国立科学博物館　蔵
［写真提供：国立科学博物館］

49　港川人1号男性復元イラスト
［画像提供：国立科学博物館］

50　3万年前頃の琉球列島での航海のイメージ
写真提供：国立科学博物館「3万年前の航海　徹底再現プロジェクト」

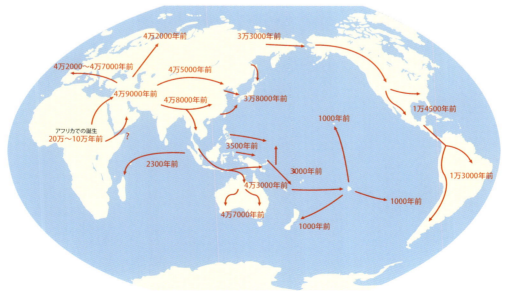
51　現生人類の世界拡散ルート　（国立科学博物館2017より作成）

52 旧石器時代前半期の石器群
島根県原田遺跡/東船遺跡/宮ノ前遺跡/古曽志清水遺跡/
鳥取県豊成上金井谷遺跡　旧石器時代前半期
島根県埋蔵文化財調査センター/鳥取県埋蔵文化財センター　蔵

約38,000年〜30,000年前の石器群である。前半期の中でも古い段階は、台形様石器と呼ばれる不整台形の槍先や、貝殻状の小型石器、石斧などが利用された。

53 旧石器時代後半期の石器群
島根県古曽志平廻田遺跡/堤平遺跡/原田遺跡/
旧石器時代後半期
島根県埋蔵文化財調査センター　蔵

約30,000年〜18,000年前の石器群である。後半期になると形の整ったナイフ形石器が増え、角錐状石器が登場する。ナイフ形石器とは、一部に鋭い縁辺を残し、その背面や基部などに刃つぶし加工を施した石器で、角錐状石器とは、鋭い刃部を全てつぶして、断面を三角形等にした石器である。いずれも、槍先として利用されたと考えられている。

54 旧石器時代終末期の石器群
島根県面白谷遺跡/宮ノ前遺跡/鳥取県笠見第3遺跡/下甲退休原第1遺跡　旧石器時代終末期
島根県埋蔵文化財調査センター/鳥取県埋蔵文化財センター　蔵

約18,000年〜16,500年前の石器群である。長さ2〜4cm、幅1cm未満の細石刃が製作された。細石刃は木や角の柄に埋め込んで、植刃器として利用された。

55 植刃器(しょくじんき)復元品
国立科学博物館　蔵
[写真提供：国立科学博物館]

56 投槍器
オーストラリア
国立民族学博物館　蔵
[写真提供：国立民族学博物館]

57 槍先
オーストラリア
国立民族学博物館　蔵

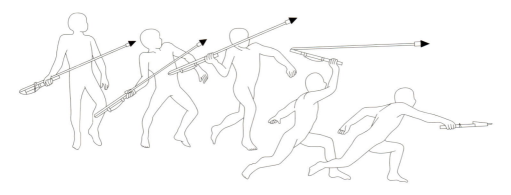

58 投槍器の利用方法　（堤隆2011より作成）

旧石器時代の槍は、基本的に手に持って使用する、突き槍か投げ槍と考えられている。投槍器の使用も想定されているが日本での出土例はなく、実際に使われていたかどうかは不明である。

Ⅱ-2-2　旧石器人の遊動領域　―前半期～後半期―

　旧石器人の移動の軌跡は、遺跡から出土する石材から知ることができる。彼らは、キャンプ地に複数の石材を持ち込んで石器作りを行う。そして、石材が不足すると、近くの産地から新しい石材を補給して、また別のキャンプ地へと移動する。遺跡に残された石器には、こうした石器作りのサイクルが明瞭に刻み込まれており、複数の遺跡をつなぎ合わせることで、彼らがどのように移動していたのかを知ることができる。

　中国地方の遺跡からは、隠岐産黒曜石の他に島根県花仙山（かせんざん）産の玉髄、広島県冠山（かんむりやま）産の安山岩、香川県五色台（ごしきだい）産の安山岩などが出土する。この他に、近隣で採れる水晶や石英も利用されており、黒曜石や安山岩などが不足した際の補助石材として用いられた。

　これらの石材組成を、前半期～後半期の遺跡分布と合わせて見ると、中国地方を南北に往還する2つの遊動ルートが浮かび上がってくる。つまり、この時期の中国地方には、隠岐―松江間は共通のルートをたどりながら、そこから先は西へ行くグループと、東へ行くグループの、少なくとも2つのグループがいたことになる。ここで重要なのは、どちらも、領域の末端に隠岐を組み込んでいる点である。隠岐を目指す目的は、黒曜石の獲得に他ならない。どちらのグループにとっても、隠岐の黒曜石が重要な資源であったことがうかがえる。

59　旧石器時代前半期～後半期の遊動領域　（丹羽野2015より作成）

■西ルートの石器群

60 原田遺跡第Ⅲ文化層石器出土状況
[写真提供：島根県埋蔵文化財調査センター]

原田遺跡は島根県東部を流れる斐伊川中流域の河岸段丘上に立地する。発掘調査では、約30,000年前の姶良丹沢火山灰と約20,000年前の三瓶浮布火山灰に挟まれて3層の石器群が検出された。島根県では初となる旧石器時代の層位的な発掘調査例である。

61 原田遺跡第Ⅲ文化層出土石器群
島根県原田遺跡　旧石器時代前半期
島根県埋蔵文化財調査センター　蔵

62 原田遺跡第Ⅱ文化層出土石器群
島根県原田遺跡　旧石器時代後半期
島根県埋蔵文化財調査センター　蔵

63 原田遺跡第Ⅰ文化層出土石器群
島根県原田遺跡　旧石器時代後半期
島根県埋蔵文化財調査センター　蔵

64 向泉川平1号遺跡第3文化層出土石器群
広島県向泉川平1号遺跡　旧石器時代前半期
広島県教育委員会　蔵

65 和知白鳥遺跡出土石器群
広島県和知白鳥遺跡　旧石器時代前半期
広島県教育委員会　蔵

66 段遺跡出土石器群
広島県段遺跡　旧石器時代前半期
広島県教育委員会　蔵

67 地宗寺(じそうじ)遺跡出土石器群
広島県地宗寺遺跡　旧石器時代前半期
広島県教育委員会　蔵

68 冠遺跡群D地点出土石器群
広島県冠遺跡　旧石器時代前半期
広島県教育委員会　蔵

69 樽床(たるどこ)遺跡群G地点出土石器群
広島県樽床遺跡　旧石器時代後半期
北広島町教育委員会　蔵

■東ルートの石器群

70 門前第2遺跡出土石器群
鳥取県門前第2遺跡　旧石器時代前半期
大山町教育委員会　蔵

71 黒曜石製の国府型ナイフ形石器
鳥取県名和小谷遺跡　旧石器時代後半期
鳥取県埋蔵文化財センター　蔵

山陰地方では、隠岐産黒曜石を用いた国府型ナイフ形石器が出土している。本資料は、典型的な瀬戸内技法によって製作された資料で、瀬戸内地方からやってきた集団が、隠岐で手に入れた黒曜石を使って製作したものと考えられている。

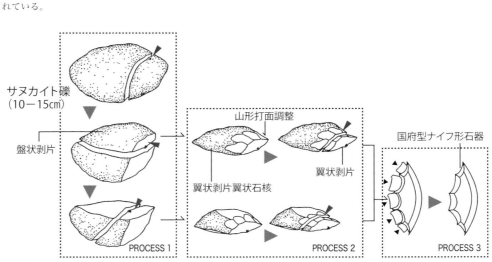

72 瀬戸内技法模式図　（森先2010より転載）

瀬戸内技法は、瀬戸内地域を代表する剥片別離技術で、主にサヌカイトなどの安山岩系の石材と結びついている。原石から盤状剥片と呼ばれる大形の素材を剥ぎ取り、そこから調整を加えながら翼状剥片を生産する。翼状剥片からは国府型ナイフ形石器と呼ばれる槍先が製作された。

73 野津三第1遺跡出土石器群
鳥取県野津三第1遺跡　旧石器時代後半期
倉吉博物館　蔵

74 笹畝遺跡第2地点出土石器群
岡山県笹畝遺跡　旧石器時代後半期
岡山理科大学　蔵

75 恩原1遺跡R文化層出土石器群
岡山県恩原1遺跡　旧石器時代前半期
岡山大学考古学研究室　蔵

76 恩原遺跡群O文化層・S文化層出土石器群
岡山県恩原1遺跡/恩原2遺跡　旧石器時代後半期
岡山大学考古学研究室　蔵

Ⅱ-2-3　植民集団の到来　−終末期−

　旧石器時代の終わり頃、寒冷化が少しずつ緩みはじめたこの時期に、列島では細石刃を中心とする石器文化が広がり、新たな時代へ向けて大きな動きが起こっていた。

　中国地方では、簡略な舟底形に整えられた石核から、細石刃を連続的に剥ぎとる非削片系の細石刃剥離技術をもった集団がいた。彼らは、細石刃を剥ぐために、最も上質な隠岐産黒曜石を利用した。彼らは、隠岐から中国山地を遊動領域とし、従来の石器製作伝統を受け継いだ「在地集団」と考えられている。

　そこに東北地方から湧別技法と呼ばれる北方削片系の細石刃剥離技術をもった「植民集団」が到来した。ここで言う植民とは、短期間の長距離移動を経て、新たな居住地を求める行動を指す。東北からの長い旅を経て、中国地方に住み着いた植民集団は、従来の石器製作技術を保持したまま、花仙山の玉髄や隠岐産黒曜石を利用した。

　では、もともといた在地集団と、外からやってきた植民集団はどのような関係にあったのだろうか。ここでも、両者を結ぶ接点は隠岐の黒曜石であった。

　隠岐産黒曜石は、両方の集団で利用されている。つまり両集団とも、その存在と入手方法を知っていたことになるが、新来の植民集団が隠岐産黒曜石を手に入れるためには、在地集団からの情報提供が必要だったはずだ。となると、在地集団と植民集団は何らかの接触をもち、そこで情報の共有化が図られていたことは想像に難くない。両者の接触が友好的なものだったのか、それとも敵対的だったのかは知るすべが無いが、隠岐の黒曜石が在地集団と植民集団を結びつけていたことは、十分に想定できよう。

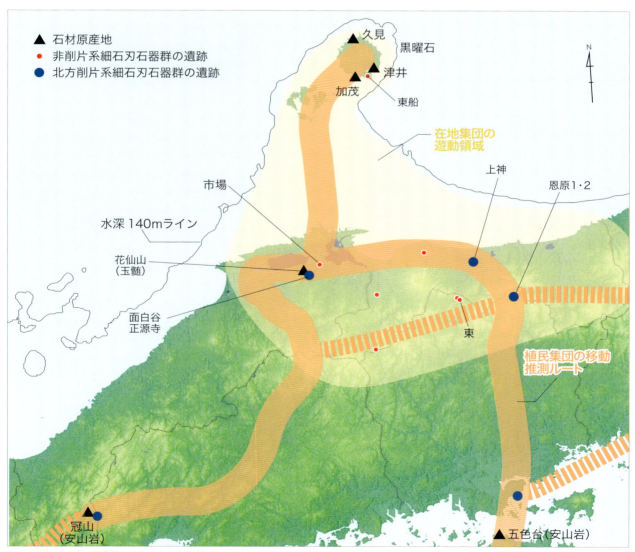

77　旧石器時代終末期の遊動領域と移動ルート　（丹羽野2018より作成）

■非削片系細石刃石器群

78　中国地方の非削片細石刃石器群
島根県東船遺跡/市場遺跡/岡山県東遺跡　旧石器時代終末期
島根県埋蔵文化財調査センター/岡山理科大学　蔵

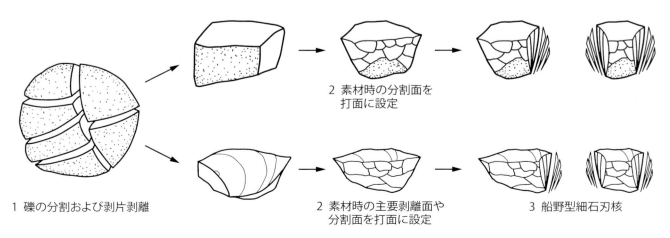

1　礫の分割および剥片剥離　　2　素材時の分割面を打面に設定　　2　素材時の主要剥離面や分割面を打面に設定　　3　船野型細石刃核

79　非削片系の細石刃剥離技術の一例　（橘・多田2013より作成）
隠岐から中国地方にかけて展開した細石刃剥離技術の一例である。分割礫または分厚い剥片を素材として、平坦な分割面や主要剥離面から加撃して細石刃を剥離した。

■北方削片系細石刃石器群

80　面白谷・正源寺遺跡出土細石刃石器群
島根県面白谷遺跡/正源寺遺跡　旧石器時代終末期
島根県埋蔵文化財調査センター　蔵

81　上神51号墳出土細石刃核
鳥取県上神51号墳　旧石器時代終末期
倉吉博物館　蔵

上神51号墳の船底形細石刃核は、大型で調整が入念に行われることから、北方削片系細石刃石器群に伴う可能性が指摘されている。

82 恩原遺跡群M文化層出土石器群
岡山県恩原1遺跡/恩原2遺跡　旧石器時代終末期
岡山大学考古学研究室　蔵

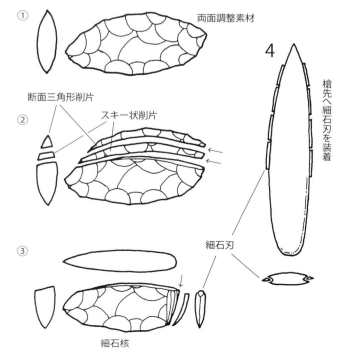

83 湧別技法による細石刃剥離技術
(稲田2001より転載)

湧別技法は、北海道湧別川にちなんでつけられた細石刃剥離技術で、世界でも広く知られている。湧別技法の典型的な手順は、以下のとおりである。
①尖頭器状の両面調整素材を製作。
②スキー状剥片を剥がして船形の石核をつくり出す。
③石核の小口面より細石刃を連続的に剥がしていく。

84 湧別技法集団の植民と遊動
(稲田2010より転載)

この時期、日本列島の細石刃文化は2つに別れていた（図左上）。だが、北東日本の湧別技法集団の一部がトーン部の経路・領域で植民を行い、実線・破線で示されるように各地で遊動の痕跡を残した（図右下）。本展に関係する遺跡は9：恩原1・2遺跡、12：花仙山周辺遺跡

85 幌加沢遺跡遠間地点の細石刃石器群
北海道幌加沢遺跡遠間地点　旧石器時代終末期
遠軽町教育委員会　蔵

白滝産黒曜石を用いた湧別技法の石器群で、中国地方のものと比べると圧倒的に大型である。幌加沢遺跡は、白滝産黒曜石の産地である北海道赤石山の標高600m地点に形成された遺跡で、札幌大学の調査では、96㎡で約57万点、約1.6トンの遺物が出土した。湧別技法の植民集団は、この後、東北地方に南下し、さらに隠岐の黒曜石原産地まで到達したと考えられている。

トピック2

黒曜石利用のパイオニア達

　今から約38,000前、日本列島に現生人類が現れたのとほぼ同時に、黒曜石の利用が始まった。この時期の遺跡を見てみると、すでに神津島産や箱根・天城産、霧ヶ峰産といった複数の産地の黒曜石が用いられている。では、列島に到達したばかりの人達は、如何にして黒曜石の産地を知り得たのだろうか。

　近年の研究では、彼らは食料や石材資源の分布を調べるために、生存環境についての探索を行い、その過程で黒曜石原産地を発見したと考えられている。そして、海洋渡航を条件とする神津島産黒曜石の存在から、その範囲は海にまで及んでいたと言われている。

　やや時期が下ると、複数の集団によって営まれた環状ブロック群と呼ばれる特殊な集落が登場する。環状ブロック群は、複数の集団によって共同で営まれた集落と考えられており、石器の接合が複数のブロック（石器集中部）をまたがることから、集団間で石材を分け合う姿が復元されている。黒曜石は、環状ブロック群から派遣された別働隊によって入手され、様々な資源情報とともに集落内で管理・分配されていたと想定されている。

　このように、日本列島における黒曜石利用のパイアニア達は、高い資源探査能力と高度な管理能力を持っていたと考えられている。　（稲田）

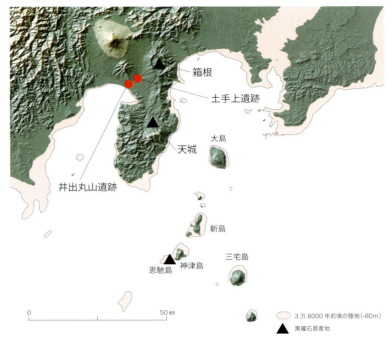

86　神津島と38,000年前の海岸線　（国立科学博物館2017より作成）

87　勇気ある最古の航海者
〔画像提供：国立科学博物館、原案：堤隆、画：山本耀也、日本館展示復元画〕

88 井手丸山遺跡第Ⅰ文化層(SCⅣ〜BBⅦ)出土石器群
静岡県井手丸山遺跡　旧石器時代前半期
沼津市教育委員会　蔵
[写真提供：沼津市教育委員会]

井手丸山遺跡の約38,000年前の石器群には、神津島産黒曜石が含まれていた。神津島の海域は現在の海深が200m以上あり、氷河時代にあっても本土と陸続きではなかったと推定されている。従って、井出丸山の旧石器人は、黒曜石を獲得するために神津島へ渡り、再び本土へと戻ったことになる。このことは、人類最古の意図的な往復航海を示す事例として世界でも注目されている。

89 土手上遺跡第一地点(BBⅤ)出土台形様石器
静岡県土手上遺跡　旧石器時代前半期
沼津市教育委員会　蔵
[写真提供：ふじのくに地球環境史ミュージアム]

トピック2

90 旧石器時代の環状ブロック群
長野県日向林B遺跡　旧石器時代前半期
[写真提供：長野県立歴史館]

91　日向林B遺跡出土石器群
長野県日向林B遺跡　重要文化財　旧石器時代前半期
長野県立歴史館　蔵
[写真提供：長野県立歴史館]

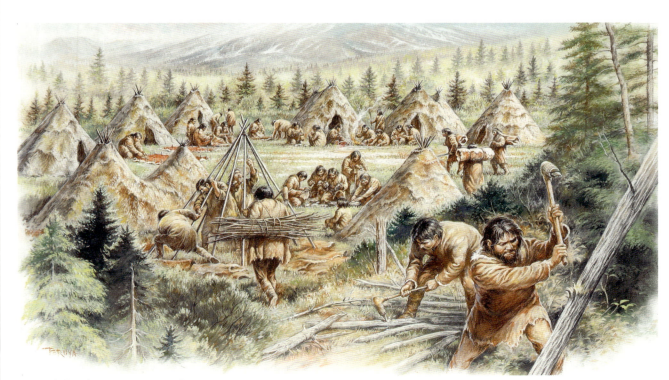

92　日向林B遺跡での生活の想像図
[提供：国立科学博物館、原案：堤隆、画：山本耀也、日本館展示復元画]

Ⅱ-3　流通網の整備と地域形成　−縄文時代−

Ⅱ-3-1　縄文時代とは

　縄文時代になると、土器の利用が始まり、狩猟具の中心は槍から弓矢へと変化した。多角的な生業が行われ、イノシシやシカなどの動物資源の他に、トチやドングリといった植物資源や、魚介類などの水産資源も積極的に利用された。

　旧石器時代以来の長い移動生活が終わり、堅牢な竪穴住居に定住する生活が始まった。定住といっても、一年を通じて同じ場所に住み続ける通年定住と、季節によって住む場所を移動させる季節的定住などがあり、環境や社会の状況に応じて変化していたと考えられている。集落の中には墓域が形成され、土偶や石棒などの祭祀具も発達した。

　縄文時代は、草創期（約16,500～11,500年前）、早期（約11,500～7,000年前）、前期（約7,000～5,500年前）、中期（約5,500～4,400年前）、後期（約4,400～3,200年前）、晩期（約3,200～2,700年前）の6つの時期に区分される。ただし、縄文時代の始まりと終わりの年代については諸説あり、定まってはいない。それぞれの時期には、特徴的な縄文土器が利用され、土器の型式によって更に細かく分けられる。

　石器は種類が豊富になり、石鏃や尖頭器といった狩猟具をはじめ、加工具である石錐、削器、石匙、抉入石器、楔形石器、漁労具である石銛、石錘、製粉具である石皿、磨石・敲石類、伐採具である磨製石斧、土堀具である打製石斧（石鍬）などがある。また、釣針形石器や異形石器のような複雑な形のものも登場する。

　この時期、黒曜石の流通は大きく変化する。定住生活を基本とする縄文時代では、黒曜石は集団から集団へ、交換や分配されることで流通していったと考えられる。

93　縄文時代の道具類
島根県福富Ⅰ遺跡/野津原Ⅱ遺跡/寺ノ脇遺跡/西川津遺跡/板屋Ⅲ遺跡/林原遺跡/堀田上遺跡/垣ノ内遺跡/古屋敷遺跡　縄文時代草創期～晩期
島根県埋蔵文化財調査センター/個人　蔵

Ⅱ-3-2　黒曜石流通の黎明期　－草創期～早期－

　山陰地方の石材利用は、山陰中部と西部で大きく異なる。黒曜石は山陰中部を中心に用いられるが、流通網がそれほど発達しておらず、様々な石材の中の一つとして利用された。

　山陰中部の黒曜石利用圏では、黒曜石以外に安山岩や頁岩、玉髄などが利用された。黒曜石は、尖頭器や石鏃など、主に狩猟具へと加工された。黒曜石以外の石材は、削器など加工具に用いられることが多い。

　山陰西部では、冠山産安山岩が多く利用される。非常に潤沢に流通していたようで、ほとんどの石器が安山岩のみで製作されている。注目されるのは、どの遺跡からもほぼ必ず黒曜石が出土する点である。主に、石鏃などの製品の形で搬入されていたようで、石器製作の痕跡は薄い。安山岩が潤沢にある中で、なぜ黒曜石が必要とされたのか、詳細は分かっていないが、安山岩を使う山陰西部の人達にとって、黒く輝く隠岐の黒曜石は、貴重なブランド品であったのかもしれない。

94　草創期～早期の石材利用圏　（稲田2018より作成）

■ 黒曜石利用圏

95 山陰中部の尖頭器
島根県西川津遺跡/宮ノ前遺跡/鳥取県坂長村上遺跡/
羽田井退休寺原遺跡/住吉第2遺跡　縄文時代草創期
島根県埋蔵文化財調査センター/鳥取県埋蔵文化財センター/
大山町教育委員会　蔵

96 西川津遺跡出土石器群
島根県西川津遺跡　縄文時代早期
島根県埋蔵文化財調査センター　蔵

97 板屋Ⅲ遺跡第3黒色土下層出土石器群
島根県板屋Ⅲ遺跡　縄文時代早期
島根県埋蔵文化財調査センター　蔵

■安山岩利用圏

98 山陰西部の尖頭器
島根県久城西Ⅱ遺跡/堂ノ上遺跡/伝匹見町
縄文時代草創期
島根県埋蔵文化財調査センター／当館　蔵

99 日脚遺跡出土石器群
島根県日脚遺跡　縄文時代早期
島根県埋蔵文化財調査センター　蔵

100 堀田上遺跡出土石器群
島根県堀田上遺跡　縄文時代早期
島根県埋蔵文化財調査センター　蔵

Ⅱ-3-3　隠岐の黒曜石狂時代（オブシディアン・ラッシュ）　－早期末～中期－

　温暖化がピークを迎え、海水面が大幅に上昇したこの時期、海上交通の活発化とともに、黒曜石の流通は最盛期を迎える。大量の黒曜石が山陰中部を中心にもたらされ、広い範囲で黒曜石を使った石器製作が盛んに行なわれた。石鏃や石錐、削器など、多くの石器が黒曜石で作られており、多様な石材を利用した早期までとは様相が一変している。

　黒曜石の流通は、基本的に近隣の集団どうしの交換によって行われた。そして集団から集団へと交換を連鎖させることで、より遠隔地へと黒曜石を流通させていった。

　遺跡ごとの黒曜石を見てみると、隠岐から遠い遺跡ほど石器が小さくなっていることが分かる。この時期の黒曜石は、原石ではなく石器製作の過程で生じた石核や剥片の形で流通した。従って、遠方の遺跡ほど入手できる黒曜石が小さくなり、それに伴い、作れる石器も小型化したのである。この現象を利用して、黒曜石の流通ルートを復元することができる。それによると、隠岐から運ばれてきた黒曜石は、まず島根半島や、中海・宍道湖沿岸部に陸揚げされ、河川沿いに複数のルートで山間部へと運ばれていったようだ。

　山陰地方の各地に、蜘蛛の巣のように張り巡らされた黒曜石流通網は、当時の物流システムが高度に発達していたことを物語る。かつて、考古学者藤森栄一は、大量の信州産黒曜石が流通するさまを、ゴールド・ラッシュになぞらえて「黒曜石狂時代（オブシディアン・ラッシュ）」と呼んだ。この時期の山陰地方では、まさに隠岐版の黒曜石狂（オブシディアン・ラッシュ）が起こっていたと言えるだろう。

101　早期末～中期の石材利用圏　（稲田2018より作成）

■ 黒曜石利用圏

102 西川津遺跡出土石器群
島根県西川津遺跡　縄文時代前期
島根県埋蔵文化財調査センター　蔵

103 上長浜貝塚出土石器群
島根県上長浜貝塚　縄文時代前期
出雲市　蔵

104 ラント遺跡出土石器群
島根県ラント遺跡　縄文時代前期
島根県埋蔵文化財調査センター　蔵

105 北原本郷遺跡出土石器群
島根県北原本郷遺跡　縄文時代前期
島根県埋蔵文化財調査センター　蔵

岩塚Ⅱ遺跡は、黒曜石利用圏の最西端に位置する。本遺跡では、九州の腰岳産や姫島産の黒曜石も出土しており、各地から黒曜石を搬入していたことがうかがえる。

106 志谷Ⅲ遺跡第3黒色土出土石器群
島根県志谷Ⅲ遺跡　縄文時代前期
島根県埋蔵文化財調査センター　蔵

107 岩塚Ⅱ遺跡出土石器群
島根県岩塚Ⅱ遺跡　縄文時代前期
島根県埋蔵文化財調査センター　蔵

Ⅱ-3-4 地域性の形成 －後期～晩期－

縄文時代の終わり頃になると、黒曜石利用圏は島根半島の東部に縮小し、代わりに山陰地方全域で石材利用に細かな地域性がでてくる。

隠岐～島根半島東部では、引き続き黒曜石を中心とした石器製作が行われる。本地域は、縄文時代を通して黒曜石の主体的利用が維持されており、黒曜石流通の玄関口であったと推測される。

島根半島の西側では黒曜石に加えて、サヌカイトや玉髄が利用される。特に、色鮮やかな玉髄製の石器は、この地域の特色を際立てている。

山間部では、香川県金山産のサヌカイトが多く使われる。その一方で、黒曜石も一定量用いられ、主に2つの石材で石器製作が行われている。また、山間部では黒曜石やサヌカイトの、大型石核が多く認められる。そのほとんどが、まだ利用できる段階で捨てられており、石器製作用とは別の意味を持っていた可能性がある。

ここにあげた3つの地域では、石材利用に加えて、作られる石器の形にも違いが認められる。例えば、島根半島東部では石鏃の端部を凹ませる「凹基式」が多いのに対して、山間部では端部が凹まない「平基式」、突出する「突基式」などが作られる。また、島根半島西部では、錐の先端が長く作られており、このような形の錐は、他の2つの地域では見られない。これらのことから、それぞれの地域では、独自の石器製作伝統をもった集団がいたものと思われる。

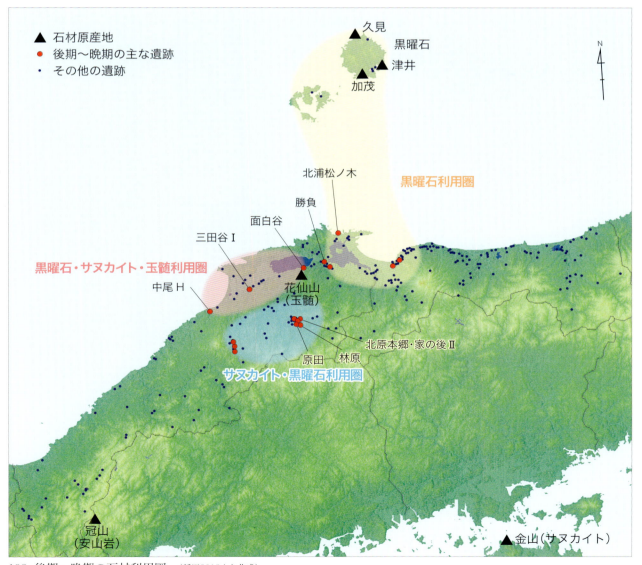

108 後期～晩期の石材利用圏 （稲田2018より作成）

■黒曜石利用圏

109 勝負遺跡出土石器群
島根県勝負遺跡　縄文時代後期
島根県埋蔵文化財調査センター　蔵

110 北浦松ノ木遺跡出土石器群
島根県北浦松ノ木遺跡　縄文時代後期
松江市教育委員会　蔵

■黒曜石、サヌカイト、玉髄利用圏

111　面白谷遺跡出土石器群
島根県面白谷遺跡　縄文時代後期
島根県埋蔵文化財調査センター　蔵

112　中尾H遺跡出土石器群
島根県中尾H遺跡　縄文時代後期
島根県埋蔵文化財調査センター　蔵

113　三田谷Ⅰ遺跡出土石器群
島根県三田谷Ⅰ遺跡　縄文時代晩期～弥生時代
島根県埋蔵文化財調査センター　蔵

■サヌカイト、黒曜石利用圏

114　林原遺跡出土石器群
　島根県林原遺跡　縄文時代後期
　島根県埋蔵文化財調査センター　蔵

115　北原本郷遺跡出土石器群
　島根県北原本郷遺跡　縄文時代後期
　島根県埋蔵文化財調査センター　蔵

116 原田遺跡出土石器群
島根県原田遺跡　縄文時代晩期
島根県埋蔵文化財調査センター　蔵

117 山間部の大型石材
島根県原田遺跡/家の後Ⅱ遺跡　縄文時代後期〜晩期か
島根県埋蔵文化財調査センター　蔵

Ⅱ-4　黒曜石利用の終わり　－弥生時代－

Ⅱ-4-1　弥生時代とは

　弥生時代になると人々の生活に大きな変化が訪れる。大陸・朝鮮半島から水田耕作が本格的に導入されたのである。人々の営みは狩猟採集を中心としたものから、米の収穫を目指すものへ変化し、より多くの労働力の集約が行われたと考えられている。米の生産と労働力の集約の結果、富の蓄積と身分の分化が進むことになる。地域の中心となる拠点集落は、規模が大きく濠で囲まれ、長期間存続した。また、様々な道具や装飾品が生産され、他地域との交流も行われた。山陰でも水田耕作の導入とともに、低地や平野に集落が営まれるようになる。水路をもち畔で仕切られた水田は、今日の農村の景観とさほど変わらない。

　水田や灌漑施設を整備するための鍬や鋤、米の収穫具である穂摘具や、脱穀のための臼や杵などの道具も伝わった。鍬や鋤などの農具は木で作られ、伐採から加工まで様々な形態の石の道具が使われた。また、石製の穂摘具が多く出土するなど、弥生時代に入っても、引き続き石の道具が用いられていた。一方で、青銅と鉄で作られる金属の道具も使用されるようになる。

118　弥生時代の道具類
島根県西川津遺跡/タテチョウ遺跡/山持遺跡/布田遺跡　弥生時代前期～後期
島根県埋蔵文化財調査センター　蔵

Ⅱ-4-2　弥生時代の黒曜石利用

　旧石器時代から利用された黒曜石は、縄文時代を経て弥生時代にも利用された。黒曜石で作られた主要な石器は、狩猟具や武器となる「石鏃」、物の切断や削る道具としての「楔形石器」「削器」である。これらは縄文時代から引き続き作られ使用されている石器である。一方、水田耕作とともに大陸・朝鮮半島から導入された石包丁などの穂摘具や太型蛤刃石斧などに割れやすい黒曜石が利用されることは無かった。

　弥生時代における隠岐産黒曜石の利用範囲はどこまで広がっているのだろうか（図127）。隠岐諸島の遺跡以外で黒曜石の出土点数がきわめて多いのは、島根県東部の松江市西川津遺跡と出雲市矢野遺跡である。両遺跡とも島根県を代表する弥生時代の拠点集落で、出土する遺物は膨大でかつ多様であり、遠隔地との交流も認められる。これらの遺跡では原石が多数出土していることから、隠岐諸島から運ばれた黒曜石の集積地と考えられる。一方、島根県西部の遺跡では隠岐産黒曜石の出土数は限られており、石核や剥片がほとんどで原石は出土していない。このことから、隠岐諸島から黒曜石を直接大量に搬入した遺跡は確認されておらず、島根県東部から海岸沿いに黒曜石が運ばれ流通していた可能性がある。また、山間部の遺跡では、サヌカイトなどの安山岩系の石材が多く利用されているが、そうした違いは縄文時代の出土例から地理的条件によるものだけではなさそうである。

　では、黒曜石は、弥生時代の全期を通して利用されたのだろうか。これまで考古学研究者でも、弥生時代の黒曜石利用は中期後半までが一般的で、後期になるとほとんど見られないと考えられてきた。しかし、近年の研究で、遺跡や出土量は限定的であるが、西川津遺跡などで弥生時代後期に利用された黒曜石が出土していることが明らかとなっている。

　このことから、弥生時代の黒曜石利用は、島根半島の拠点集落を集積地とし、海岸沿いの地域を利用範囲としていた可能性が指摘される。

119　弥生時代の黒曜石利用　（伊藤2018より作成）

120 矢野遺跡出土石器群
島根県矢野遺跡　弥生時代
出雲市　蔵

121 鰐石(れにいし)遺跡出土石器群
島根県鰐石遺跡　弥生時代前期
浜田市教育委員会　蔵

121-1　黒曜石製石器群

121-2　サヌカイト製石器群

122 周布古墳出土石器群
島根県周布古墳　弥生時代前期
浜田市教育委員会　蔵

123 中小路・羽場遺跡出土石器群
島根県中小路遺跡/羽場遺跡　弥生時代
益田市教育委員会　蔵

隠岐の黒曜石

Ⅱ-4-3　戦いと黒曜石

　松江市北部にある西川津遺跡は、島根県を代表する弥生時代の拠点集落である。これまでの発掘調査で大量の遺物が出土し、貝塚なども発見されたことから、弥生時代全期を通して多くの人々が生活した集落と考えられている。また、製作途中の遺物が多数出土することから、石斧や鍬・鋤などの農工具や玉類の生産を行っていたことも明らかになっている。隠岐産黒曜石で作られた石鏃も数多く出土し、微細な小片が無数に出土していることから、これらの石鏃は西川津遺跡で生産されたと考えられる。縄文時代以降、石鏃は通常長さ1～2cm程度のものが多い。しかし、西川津遺跡の石鏃には長さが3.5cm前後の大型品もあり、殺傷力が高いと考えられる。

　松江市田和山遺跡は、宍道湖東岸の小高い丘陵に位置する遺跡で、3重の環濠と竪穴建物跡、柵列などが確認されている。3重環濠に囲まれた頂部では、祭祀空間と考えられる柱穴と柵列のみ確認され、環

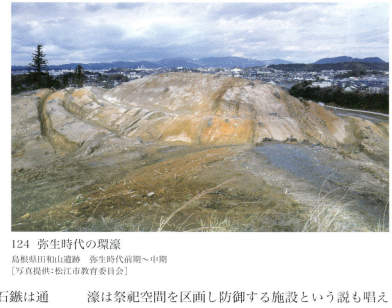

124　弥生時代の環濠
島根県田和山遺跡　弥生時代前期～中期
[写真提供：松江市教育委員会]

濠は祭祀空間を区画し防御する施設という説も唱えられている。環濠内では、礫石と共に大型の石鏃が出土し、西川津遺跡の大型石鏃との関連性が指摘されている。

　また、田和山遺跡に近い丘陵に位置する友田遺跡では、弥生時代中期から後期前半にかけて築造された墳墓群が存在する。7基以上の墳墓が密集し、墓坑内から数多くの玉類や石器が出土している。中には石鏃13点と磨製石剣の先端が墓坑の底面近くからまとまって出土した墓もある。松江市堀部第1遺跡では、弥生時代の初めに島根半島に上陸した開拓者の「集団墓地」と考えられる墳墓群が存在する。いくつかの墓では黒曜石と安山岩の石鏃が出土し、先端が欠損しているものも多い。このことから、被葬者は矢が撃ち込まれた状態で埋葬された可能性がある。同様な例は西日本を中心に見られ、兵庫県新方遺跡では、埋葬された人骨とその胸部から石鏃が17点も出土しており、これらは弥生時代の戦いの存在を示す事例と考えられている。

　環境変化などによる狩猟対象の変化が無いにも関わらず、石鏃の形状や大きさが変化し、墓からは特殊な出土状況を示すなど、弥生時代になり黒曜石の石鏃が戦いに使用された可能性が考えられる。このように、黒曜石の石鏃の変化から、当時の社会の様子がうかがえるのである。

125　集落を画する大溝
島根県西川津遺跡　弥生時代前期・後期
[写真提供：島根県埋蔵文化財調査センター]

126 配石墓群
島根県堀部第1遺跡　弥生時代前期
[写真提供：松江市教育委員会]

127 石鏃の刺さった人骨
兵庫県新方遺跡　神戸市指定文化財　弥生時代前期
[写真提供：神戸市教育委員会]

128 弓と盾
島根県西川津遺跡/タテチョウ遺跡/姫原西遺跡　弥生時代
島根県埋蔵文化財調査センター　蔵

129 西川津遺跡出土石器群
島根県西川津遺跡　弥生時代前期〜後期
島根県埋蔵文化財調査センター　蔵

130 配石墓出土遺物
島根県堀部第1遺跡　弥生時代前期
松江市教育委員会　蔵

131 墓坑出土遺物
島根県友田遺跡　弥生時代中期
松江市教育委員会　蔵

Ⅱ-4-4　黒曜石から金属器へ

　金属器は弥生時代前期に大陸・朝鮮半島からもたらされたと考えられている。このうち、銅剣や銅矛、銅戈などの青銅器は、当初は実用的な道具であったが、しだいに大型化し祭祀具へ変貌していく。銅鏃は出土数が少なく、石器に代わるものはなかった。

　鉄器は鉄素材が日本列島に持ち込まれ、これを材料として鉄鏃等簡単なものが生産された。弥生時代前期から中期頃は鉄器が少なく、大陸から鉄素材の流入が増加する中期後半から後期にかけて、西日本から徐々に石器から鉄器へ移り変わっていった。鋭利な切れ味を誇る黒曜石の利器も、しだいに耐久性に優れた鉄に素材を代えていく。

　日本列島で製鉄が始まる確実な時期は古墳時代後期といわれる。黒曜石製の石器が、弥生時代後期にほぼ見られなくなることを考えると、本格的な製鉄が行われる以前の鍛冶による鉄器作りの段階から素材が変更されていったといえる。これは、黒曜石が素材として主に利用される鏃や削器が比較的少量の鉄素材で容易に製作できたことによるのではないか。道具によっても石器から鉄器への移行は違いがあったと考えられる。

　こうして、旧石器時代以降約3万年にわたって人類に利用されてきた黒曜石は、弥生時代後期にはそのほとんどが金属器に道を譲ることになったのである。

132-1　銅鏃
島根県波来浜遺跡　島根県指定文化財　弥生時代後期
江津市教育委員会　蔵

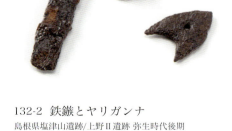

132-2　鉄鏃とヤリガンナ
島根県塩津山遺跡/上野Ⅱ遺跡　弥生時代後期
島根県埋蔵文化財調査センター　蔵

トピック3

有史以降の黒曜石―利器以外の黒曜石利用―

　旧石器時代から弥生時代に狩猟具や武器として利用されてきた黒曜石は、ガラス質であるため割れやすいが、鋭さを容易に作ることが可能であるため、好んで利器として使われた。しかし、弥生時代になると青銅や鉄に利器としての立場を徐々に譲ることになる。その後、黒曜石はほとんど使われることなく、近代になり工芸品の材料として再び脚光を浴びることになる。

　以上は一般的に知られている利器としての黒曜石利用の歴史である。しかしながら、実は黒曜石は限定的ではあるものの、利器以外にも用いられており、そのような利用方法が後の時代にも続いていることが明らかとなってきている。

　東京都多摩ニュータウンNo.939遺跡では黒曜石の勾玉が1点出土している。ガラス質であるため穿孔時に反対側が大きく剥離している。弥生時代の方形周溝墓の近くから出土したもので弥生時代に属すると考えられるが、全国でも唯一の出土だと考えられる。長さ1.9cmで原産地分析の結果、長野県和田峠産であると判明している。

　平安京では黒曜石製の巡方(じゅんぽう)が出土している。官人の公式な衣服の服飾品である腰帯の表面を飾るのが巡方である。役職によって材質や色が決められており、奈良時代の初め頃は金銀や銅などの金属で作られたが、平安時代には石製も多く作られるようになる。銅製品は表面に黒漆が塗られ、黒曜石はその黒色という性質から黒漆との視覚的な類似で利用されることがあったのではないか。

　また、黒曜石は島根県内の玉作り遺跡で出土することがある。黒曜石の玉類は、先述の勾玉や石帯などの飾りとして、消費地で極まれに見られるが、生産地である玉作り遺跡で完成品や未完成品として出土した例はなかった。松江市美保神社境内遺跡で碧玉などの玉作関連遺物とともに出土した黒曜石の剥片は、勾玉や管玉等の原材料ではなく、玉作りの工具の可能性や、工具を調整するための道具、粉末を用いた研磨剤や緩衝材などの利用方法が想定されている。古墳時代中期に属すると考えられる。同様に、松江市出雲国府跡からも玉作関連資料とともに黒曜石が出土している。縄文時代の黒曜石も出土しているため確実とは言えないものの、利器とは異なる黒曜石の利用方法が想定される。

　その他、火打石としての利用も見られる。松江市川原宮Ⅰ遺跡では火打石の中に黒曜石製が出土している。火打石はその縁辺を火打金(鉄片)によって打撃し、発した火花によって着火させるもので、打撃により石の縁辺がつぶれた状態となる。黒曜石製の火打石は珍しいが、縁辺がつぶれており、他の火打石と同様の状態であることから、火打石といえそうである。

　このように、黒曜石は石鏃などの利器としての利用方法だけでなく、黒色という色調を生かした利用なども認められる。しかし、これらの利用は限定的なものであり、今後の発掘調査で新たな発見があることを期待したい。

(伊藤)

133 黒曜石製勾玉
東京都多摩ニュータウンNo.939遺跡　弥生時代中期
東京都教育委員会　蔵

134 黒曜石の玉作関連資料
島根県史跡出雲国府跡　古代
島根県埋蔵文化財調査センター　蔵

135 黒曜石製巡方
京都府平安京　平安時代
京都市考古資料館　蔵

136 黒曜石の火打石
島根県川原宮Ⅰ遺跡/馬場遺跡　中世以降
島根県埋蔵文化財調査センター　蔵

第 III 章 列島の黒曜石
Obsidian in the Japanese Archipelago

火山島である日本では、
全国で200ヶ所以上の黒曜石産地が知られている。
本章では、日本の代表的な黒曜石原産地として、
北海道白滝、長野県霧ヶ峰、東京都神津島、
大分県姫島、佐賀県腰岳を取り上げ、
各地の黒曜石文化を紹介する。

Ⅲ-1　列島最大の原産地　−北海道白滝−

　白滝黒曜石原産地は、日本最大規模の黒曜石原産地で、その埋蔵量は数億〜数十億トンとも言われている。白滝産黒曜石は、約220万年前に幌加湧別カルデラ内で噴出した流紋岩マグマが急速に冷えて生成されたと考えられている。産地である赤石山の山頂部周辺に黒曜石の露頭群が知られており、中央部には地元で「花十勝石」と呼ばれる赤い縞の入った特徴的な黒曜石が、周辺部には漆黒の黒曜石の産出地が分布する。

　赤石山南麓を流れる湧別川の河岸段丘上では、白滝遺跡群と呼ばれる一大原産地遺跡群が形成されている。白滝遺跡群とは赤石山の周辺に存在する100ヶ所以上の遺跡の総称で、現在までに22遺跡で768万点、15トンもの遺物が出土している。その99％以上は黒曜石とされ、まさに列島最大の黒曜石原産地に相応しい規模の出土量である。

　白滝遺跡群の資料は、その大きさも規格外と言える。遺跡に持ち込まれた黒曜石は、人頭大のものが多く見られ、中には人の体に匹敵するほどの大きさの原石も認められるという。石器も大型のものが多く、30cmを超える巨大な尖頭器や50cm近

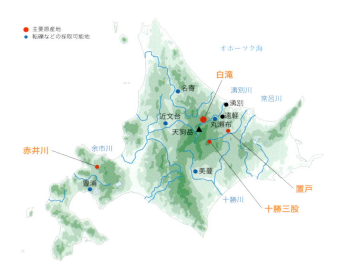

137　北海道の主な黒曜石原産地（木村2005より作成）

くもある長大な石刃が見つかっている。こうした巨大石器が作られる背景には、彼らがマンモスなどを狙う大型獣狩猟者（ビッググームハンター）であったという説もある。

　また白滝遺跡群の大きな特徴として、接合資料の多さがあげられる。気の遠くなるほどの細かな作業を経て得られた豊富な接合資料は、旧石器人達の行動の様子を詳しく教えてくれる。

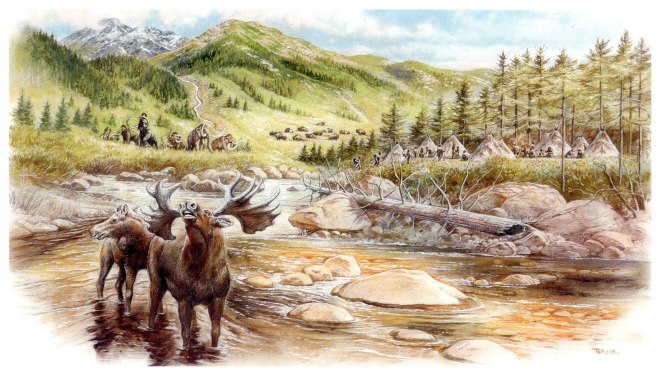

138　白滝のムラ
［画像提供：国立科学博物館、原案：堤隆、画：山本耀也、日本館展示復元画］

139 赤石山と白滝遺跡群
［写真提供：北海道立埋蔵文化財センター］

140 幌加沢の露頭
［写真提供：北海道立埋蔵文化財センター］

141 上白滝8遺跡　平成8年度発掘調査状況
［写真提供：北海道立埋蔵文化財センター］

142 白滝Ⅰa群
北海道上白滝8遺跡　重要文化財　旧石器時代前半
遠軽町教育委員会　蔵

北海道で最も古い石器群の一つとされる。大型の角礫や円礫が利用されており、接合作業によって原石近くまで復元できる資料が多く認められる。

143 小型舟底形石器群
北海道上白滝5遺跡　重要文化財/上白滝2遺跡　旧石器時代後半期
遠軽町教育委員会　蔵

尖頭器の製作に関する接合資料から、先史人の行動の一端を読み取ることができる。本石器群では、遺跡内で製作した大型の尖頭器を消費地へ持ち出し、破損や再生によって小型化した尖頭器を、再び遺跡へと持ち帰るという行動パターンが復元されている。

III-2　縄文鉱山の開発　−長野県霧ヶ峰−

　本州の中央部にあたる長野県には、標高1,300mを超える高標高山岳地帯に、日本を代表する黒曜石原産地群が存在する。そのうち、霧ヶ峰地域には、縄文人によって穿たれた黒曜石採掘の痕跡が鮮明に残されていた。

　長和町鷹山遺跡群では、星糞峠から虫倉山へと広がる斜面一帯に、195基以上の「凹み」が確認されている。「凹み」の直径は10m程度で、その周囲には無数の黒曜石の砕片が散らばっていた。発掘調査の結果、この「凹み」は現地表下3〜5mに眠る黒曜石を手に入れるため、縄文人達が掘った採掘坑であることが判明した。第1号採掘址の調査では、「凹み」の下に直径3m程度の複数の採掘坑が確認され、縄文人達が複数回にわたって、掘削を繰り返していたことが明らかとなった。最初の採掘活動は、少なくとも縄文時代早期にさかのぼる。その後4,000年ほど採掘が途絶え、縄文時代後期に採掘が再開されたようだ。

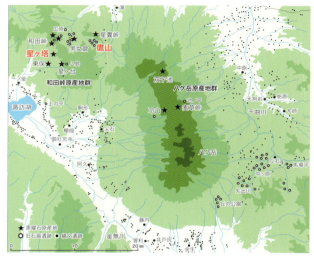

144　信州産黒曜石の原産地　（堤隆氏提供）

　下諏訪町星ヶ塔黒曜石原産地にある星ヶ塔山の東山腹では、193基の「凹み」が見つかっている。縄文時代前期の採掘坑1・2は、底面経が0.8〜1.5mで、人が1〜2人ほど入れる大きさであった。壁面には掘削の際の工具痕が残されており、鹿角製のピックが利用されたと考えられている。116号採掘坑は縄文時代晩期の採掘址で、鉱床となる黒曜石の岩脈をハンマーストーンで割りとって採取していたと想定されている。

　高標高にある本地域の黒曜石採掘は、夏場など雪のない時期に行なわれた可能性が高い。採掘従事者は、標高800mほどの河川流域にある複数の集落から編成され、長い山道をこえて現場に訪れていたと考えられている。また採掘された黒曜石は、大きさや質といった品質管理が行われ、その背後には黒曜石の流通を統括する交易集団がいたとの説もある。信州の山奥に開かれた縄文の鉱山は、黒曜石を求めて訪れた人々で、大いに賑わっていたのかもしれない。

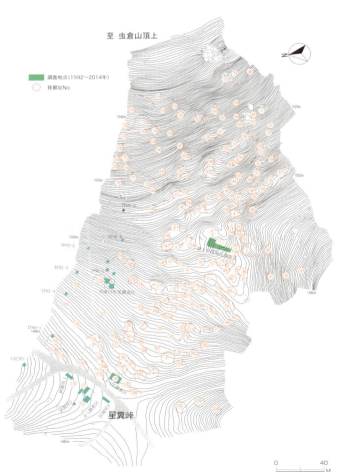

145　星糞峠の地形と凹み　（大竹他編2015より転載）

146 採掘坑の土層断面
長野県鷹山遺跡群
［写真提供：黒耀石体験ミュージアム］

147 縄文時代の採掘活動復元模型
［写真提供：黒耀石体験ミュージアム］

148 加曽利B1式土器
長野県鷹山遺跡群　縄文時代後期
黒耀石体験ミュージアム　蔵
［写真提供：黒耀石体験ミュージアム］

149 調査区出土石器群
長野県鷹山遺跡群　縄文時代
黒耀石体験ミュージアム　蔵
［写真提供：黒耀石体験ミュージアム］

150 採掘坑1・2
長野県星ヶ塔遺跡　縄文時代前期
［写真提供：下諏訪町教育委員会］

151 採掘坑の壁に残る工具痕と鹿角
長野県星ヶ塔遺跡
［写真提供：下諏訪町教育委員会］

152 角礫原石
長野県星ヶ塔遺跡　縄文時代前期
下諏訪町教育委員会　蔵
［写真提供：下諏訪町教育委員会］

隠岐の黒曜石

153 116号採掘坑
長野県星ヶ塔遺跡　縄文時代晩期
［写真提供：下諏訪町教育委員会］

154 ハンマーストーン
長野県星ヶ塔遺跡　縄文時代晩期
下諏訪町教育委員会　蔵
［写真提供：下諏訪町教育委員会］

155 くさび状に割れた黒曜石
長野県星ヶ塔遺跡　縄文時代晩期
下諏訪町教育委員会　蔵
［写真提供：下諏訪町教育委員会］

116号採掘坑より、ハンマーストーンで打ち割って採取した原石。打撃により一端がくさび状に割れている。

156 黒曜石で作られた石鏃
長野県武居遺跡　縄文時代前期
下諏訪町教育委員会　蔵
［写真提供：下諏訪町教育委員会］

156-1　褐色系の黒曜石

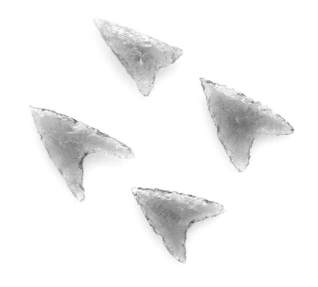

156-2　透明系の黒曜石

157　清水田(しみずだ)遺跡の大形原石
長野県清水田遺跡　縄文時代前期
岡谷市教育委員会　蔵

信州系では縄文時代最大の原石。重量は6.5kgを測る。大形原石は単なる石器の材料ではなく、所有することで権威を示すことのできる「威信財」であったと考えられている。

Ⅲ-3　海の民の黒曜石　－東京都神津島－

　神津島は、伊豆半島から約54kmの沖合にある島で、神津島本島と本島から約6km南西にある恩馳島からなる。神津島には4ヶ所の黒曜石産地が存在するが、その中でも恩馳島の黒曜石が最も良質とされ、神津島産と呼ばれる黒曜石の多くは恩馳島のものを指している。

　神津島産黒曜石の利用は、旧石器時代の初頭に始まる。現在、神津島周辺の海域は海深200m以上あるため、氷期にあっても本土と陸続きになることはない。従って、神津島の黒曜石を手に入れるためには、黒潮分流の横切る海域を越えなければならなかった。

　縄文時代に入ると、「神津島産黒曜石の陸揚げ地」と称される見高段間遺跡が形成される。見高段間遺跡は、伊豆半島の南東側に立地し、神津島産黒曜石流通の拠点であったと考えられている。縄文時代中期を中心に営まれ、中期後半には環状集落となった。調査範囲全体の黒曜石の総重量は254kgに登り、遺跡全体としてはその何倍もの黒曜石が存在したと言われている。

158　恩馳島
［写真提供：堤　隆氏］

　神津島産黒曜石は、いったん見高段間遺跡に陸揚げされたのち、「見高段間ブランド」として伊豆や南関東へと運び出された。最盛期には、主体的な分布域が北茨城から静岡県西部にまで及んだと言う。その際、「段間型篦状石器」と呼ばれる特殊な石器が、「見高段間ブランド」を誇示する威信財として伴っていたとも考えられている。

　神津島産黒曜石の流通が最大となる中期初頭は、関東地方周辺で外洋漁労が活発になった時期である。見高段間の住人たちも、黒潮分流を越えて神津島へ行き来する海の民だったのだろうか。

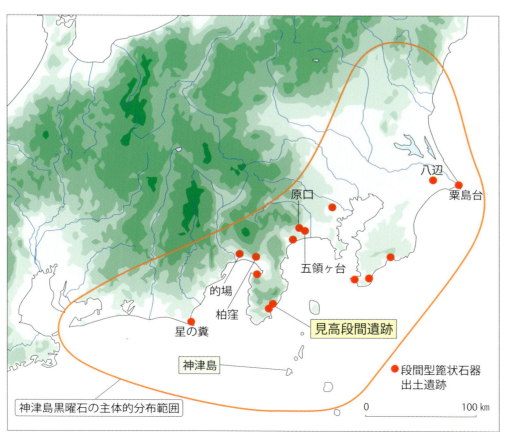

159　中期初頭の神津島産黒曜石の分布範囲と段間型篦状石器の出土状況
（池谷2005より作図）

160 大型原石
静岡県見高段間遺跡　縄文時代中期
河津町教育委員会　蔵
［写真提供：ふじのくに地球環境史ミュージアム］

見高段間遺跡を象徴する原石で、重量は19.5kgを測る。表面には、無数のパンチ痕が認められ、石器製作の台石として利用されていた。

161 石鏃
静岡県見高段間遺跡　縄文時代中期
河津町教育委員会　蔵
［写真提供：ふじのくに地球環境史ミュージアム］

162 段間型篦状石器
静岡県見高段間遺跡　縄文時代中期
河津町教育委員会　蔵
［写真提供：ふじのくに地球環境史ミュージアム］

段間型篦状石器は、静岡県から千葉県までの沿岸部で見つかることが多く、外洋漁労との関わりが指摘されている。

Ⅲ-4　職人の山　－佐賀県腰岳－

　腰岳は九州北西部の伊万里湾に面した標高488mの円錐形の山で、地元では「伊万里富士」や「松浦富士」などと呼ばれている。腰岳で採れる黒曜石は、九州はもとより、朝鮮半島南部や琉球列島にまで流通しており、島根県でも西部で数多く出土している。

　腰岳では、縄文時代後晩期に鈴桶技法と呼ばれる特殊な技術が盛行する。鈴桶技法とは、主に腰岳産黒曜石を素材として、事前に入念な調整を行い、極薄の石刃を連続的に生産する技術である。その洗練された剥離技術は、まさに職人芸といっても過言ではない。鈴桶技法によって生産された石刃は、原石や石核とともに九州一帯に流通し、剥片鏃や削器の素材として利用された。

　腰岳山腹に立地する鈴桶遺跡では、明治大学に

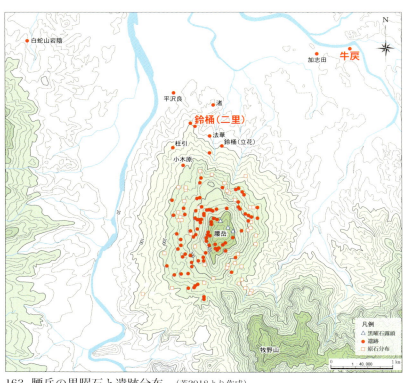

163　腰岳の黒曜石と遺跡分布　（芝2018より作成）

よって行われた調査で、75㎡のトレンチから「刃器状剥片」4,000点と石核250点が出土した。その後、伊万里市教育委員会が行った調査でも石刃や石核などが無数に出土し、遺物の総数は30万点に達する。こうした状況から、鈴桶遺跡では専業的集団による集中的な石器生産が行われていたと想定されている。

　これまで、腰岳の鈴桶石器群は鈴桶遺跡とその周辺にのみ知られていた。しかし、近年行なわれた腰岳の悉皆的な踏査によって、腰岳の高標高地帯にも鈴桶技法関連の遺跡が数多く分布していることが判明した。一部に旧石器時代の資料も含まれるが、その分布は腰岳の広い範囲に及んでおり、複数の場所で石器生産が行われていたと推測されている。

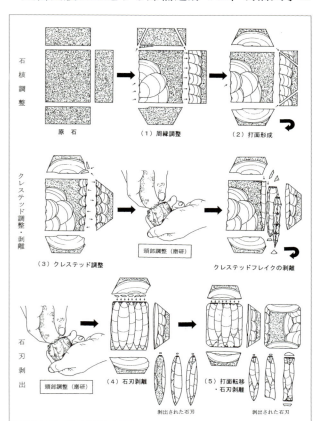

164　鈴桶型石刃技法の模式図　（小畑2002より転載）

165 鈴桶遺跡出土石器群
佐賀県鈴桶遺跡　縄文時代後期
伊万里市　蔵

166 午戻遺跡出土石器群
佐賀県午戻遺跡　縄文時代後期
伊万里市　蔵

167 腰岳産黒曜石の集石遺構
佐賀県午戻遺跡　縄文時代後期期
[写真提供：伊万里市]

午戻遺跡では、土器や各種の遺構とともに、鈴桶技法の石器群や黒曜石原石の集積遺構が2基確認されている。日常的な生活が営まれる中でも、他地域・他集団への供給を目的とした石器生産が行われたと考えられている。

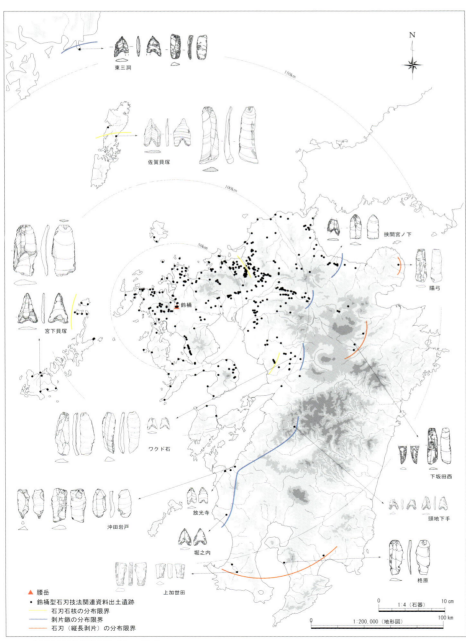

168 鈴桶技法関連資料の分布　（芝2018より転載）

Ⅲ-5　白い黒曜石　－大分県姫島－

　大分県姫島は、国東半島の沖合4kmに浮かぶ小島で、島の北西部にある観音崎(かんのんざき)には、幅約120m、高さ40mに及ぶ国内最大の黒曜石露頭が存在する。この露頭から採れる黒曜石は、約34万年前に噴出したと考えられており、その最大の特徴は、表面が黒色ではなく灰色～乳白色を呈することである。

　姫島産黒曜石の利用は旧石器時代に始まる。ただしこの頃は、まだ利用量は少なく分布も限られていた。氷期の姫島は、海水面の低下によって陸続きであったと考えられている。縄文時代には、急激に分布が拡大する。九州一帯に流通するようになり、さらに中四国地方にまで分布が及んでいる。島根県では、石見地方に姫島産黒曜石を主体とした遺跡群が存在し、出雲地方でも約14cmの大型の剥片が持ち込まれている。

　大分市にある横尾貝塚では、総数9601点、約53kgもの姫島産黒曜石が出土しており、中には12.2kgを測る巨大な石核も持ち込まれている。注目されるのは、黒曜石を入れた状態で見つかった「かご」である。これまで、黒曜石の運搬具は見つかっていないため、黒曜石がどのようにして運ばれたのかを示す貴重な事例と言える。

169　姫島観音崎の景観
［写真提供：大分県立埋蔵文化財センター］

170　観音崎の黒曜石露頭
［写真提供：大分県立埋蔵文化財センター］

171　姫島産黒曜石の大型石核
大分県横尾貝塚　縄文時代早期
大分市歴史資料館　蔵
［写真提供：大分市歴史資料館］

172　横尾貝塚出土石器
大分県横尾貝塚　縄文時代
大分市歴史資料館　蔵
［写真提供：大分市歴史資料館］

173 かごに入った黒曜石
大分県横尾貝塚　縄文時代早期
[写真提供：大分市歴史資料館　蔵]

中には姫島産黒曜石の石核と剥片が、69個以上詰められていた。姫島から運び込んだ黒曜石を適当な大きさに揃え、かごに入れて内陸の集落へと運び出していたと考えられている。

173-1　上面

173-2　側面

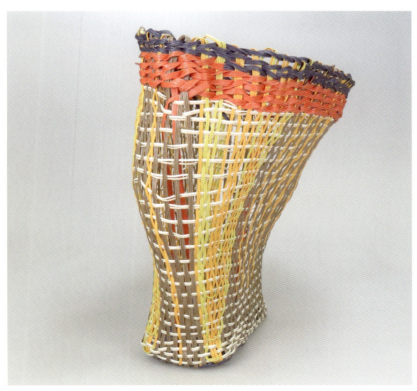

174 黒曜石を収納したかごの想定復元品
[写真提供：大分市歴史資料館]

かごの大きさは、長さ約40cm、幅約50cm程度で、木製ヒゴと蔓植物を使って編まれたバスケットであったと考えられている。

トピック4

神子柴(みこしば)遺跡出土石器群

　旧石器時代終末期から縄文時代草創期の代表的な石器群である。1949年、群馬県岩宿遺跡で相沢忠洋(あいざわただひろ)によって旧石器が発見後、間もない1958年に発見された。長野県のほぼ中央にある諏訪湖から南流する天竜川とその流れによって形成された伊那谷に遺跡は存在する。南アルプスの山々が一望できる台地で発見されたこの石器は形状や色調の美しさから日本列島で最も優美な石器だと言われている。石器は7m×3mという非常に狭い範囲に局部磨製石斧9点、打製石斧4点、尖頭器18点を始め、掻器、削器など87点が出土している。石器そのものの精美さや出土状況から数々の論争を学会に巻き起こした。現在も以下のような論争で解決を見ていない。

①石器群の所属年代

　出土した石器の年代は旧石器時代か縄文時代か、これまで様々な議論が行われてきた。神子柴遺跡では縄文土器が出土しなかったことから旧石器時代終末期ととらえる説、局部磨製石斧の「磨製」という技術を元に縄文時代草創期に位置づける説が存在していたが、近年、青森県大平山元Ⅰ遺跡で縄文土器と局部磨製石斧、そして尖頭器も出土したことから同様の石器群が縄文時代に利用されていることが判明した。

②遺跡の性格

　神子柴遺跡では石器の刃部の顕微鏡観察の結果、尖頭器や石斧には未使用品が含まれていることが明らかとなった。使用された石器の場合、刃部に破損が見られることが多く、石器製作場所に未使用のまま廃棄されている場合は、同一石材の剥片が出土する。さらに尖頭器は折り重なって出土するなど、遺跡の性格について様々な議論が行われた。主に唱えられている説は「埋納」「住居」「祭祀」「墳墓」であるが、現在は「埋納」や「住居」説が優勢である。

③石器の用途

　前述の通り、出土石器には未使用品もあったが、使用痕が残る尖頭器も存在する。尖頭器に残された使用痕の分析結果からは通常考えられている槍の先ではなく、手に持ってナイフのように利用した可能性が指摘されたのである。また、尖頭器の視覚的な美しさが非常に際立っていることも確かで、尖頭器は調整剥離を駆使し非常に精美な形状に整えられ、黒色系の黒曜石と白色系の玉髄による色調の対比が鮮やかである。また大型の局部磨製石斧は大きさや色調が整えられた規格性の高いものである。特殊な使用痕の存在と合わせ、狩猟や工作などの日常的な目的では無く、「威信財」や「交換財」「祭器」など非日常的な目的のために製作された可能性も指摘されている。

④石器の由来・出自

　同様の石器群は東日本を中心に全国各地で確認されている。では、どこで発生したものなのか。この議論もまた現在でも解決していない。以前はシベリアから樺太、北海道を経由して本州各地に広がった石器群、または沿海州から日本海を経由し本州の日本海側へ伝播するという説が唱えられてきた。しかし、シベリアで出土する土器の年代が日本の縄文時代草創期よりも新しいことと、経由地であると考えられてきた北海道に同様の石器群は多く分布しないことなどから大陸からの伝播では無く、日本列島で発生した石器群であるとの説が提起されている。

　このように神子柴遺跡で出土した石器群は様々な論争を学会に巻き起こし、現在も解決していない。石器の優美さと相まって旧石器・縄文時代の数多の石器の中で最も美しい石器群と言われるゆえんであろう。

（伊藤）

トピック4

175 折り重なって出土した尖頭器
［写真提供：上伊那考古学会］

176 神子柴遺跡出土石器群
長野県神子柴遺跡　重要文化財　旧石器時代終末期～縄文時代草創期
個人　蔵　（伊那市創造館　保管）
［写真提供：上伊那考古学会、Photo T.Ogawa］

トピック5

世界の黒曜石

　現在、世界には化学組成で識別できる黒曜石原産地が600ヶ所以上あり、未発見の産地を入れれば1万ヶ所以上に達すると言われている。これらの産地は、日本を含む環太平洋造山帯やアルプス・ヒマラヤ造山帯などに沿って数多く分布している。

　黒曜石と人類の出会いは古く、道具として利用された確実な事例は、前期旧石器時代のアシュール文化に遡るという。その後、黒曜石は世界各地で利用され、多様な文化を築き上げていった。黒曜石が産出する国では、時代や産状に応じて多様な用途に用いられた。狩猟具や加工具としてはもちろん、宗教儀礼や副葬品、装飾品、時には国家の重要な商業製品としても用いられた。このように、黒曜石を通して世界中の文化に触れることができるのである。

（稲田）

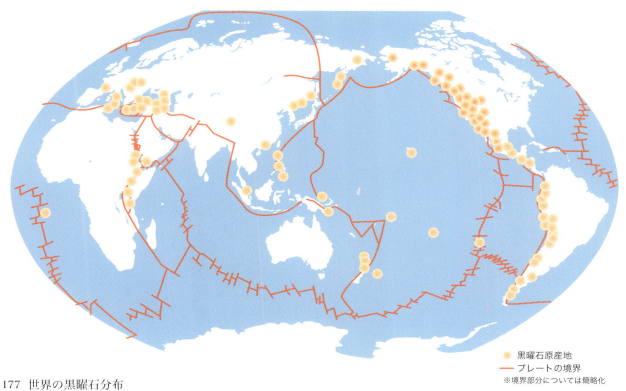

177　世界の黒曜石分布
（白滝ジオパーク交流センター展示パネルより作成）

トピック5

178 世界の黒曜石原石
個人 蔵

178-1 インドネシア

178-2 北朝鮮

178-3 ロシア

178-4 カナダ

178-5 チリ・イースター島

179 ナイフ
パプアニューギニア・アドミラルティー諸島
国立民族学博物館 蔵

英国出身の宣教師ジョージ・ブラウンによって収集されたコレクションの一つ。メラネシア地域では、ニューブリテン島のタラセアが産地である。タラセア産の黒曜石は重要な交換品としても用いられ、南太平洋地域では、金属器が導入される以前に、竹や貝などと共に重要な役割をもった。

180 尖頭器
アメリカ
個人 蔵

アメリカでは、太平洋側を中心に多くの黒曜石産地が存在する。ロッキー山脈一帯には200ヶ所以上の原産地が密集している。また内陸部のワイオミング州イエローストーン国立公園の黒曜石は、2,000Kmも離れた先住民の尖頭器に使用された。

181 尖頭器、石鏃、石刃、石核
メキシコ/グアテマラ
国立民族学博物館/個人 蔵

メキシコでは、世界で唯一、緑色の黒曜石を産出するパチューカ産が有名である。太陽のピラミッドで有名なティオティワカン文明では、支配者層の墓の副葬品や、神殿のお供え物などに利用された。また、マヤ文明では、緑色は宇宙の中心の色とされ、支配者層の間で重んじられた。1,200km以上離れたパチューカ産の緑色黒曜石は、王が地元貴族に再分配し、権威の強化に利用されたと考えられている。

トピック5

182 マタア、人物像、鳥人像
チリ・イースター島
東京大学総合研究博物館　蔵
[写真提供：東京大学総合研究博物館]

チリ領イースター島では、黒曜石は島民達にとって身近なものであった。「マタア」と呼ばれる戦闘用の槍は、ナイフなどの万能具としても用いられた。また島の人々は、人物像の瞳を黒曜石で表現した。モアイ像にも本来は眼球が嵌め込まれており、白目には白サンゴが、黒目には黒曜石などが使われた。

182-1　マタア

182-2　人物像、鳥人像

182-3　鳥人像の目

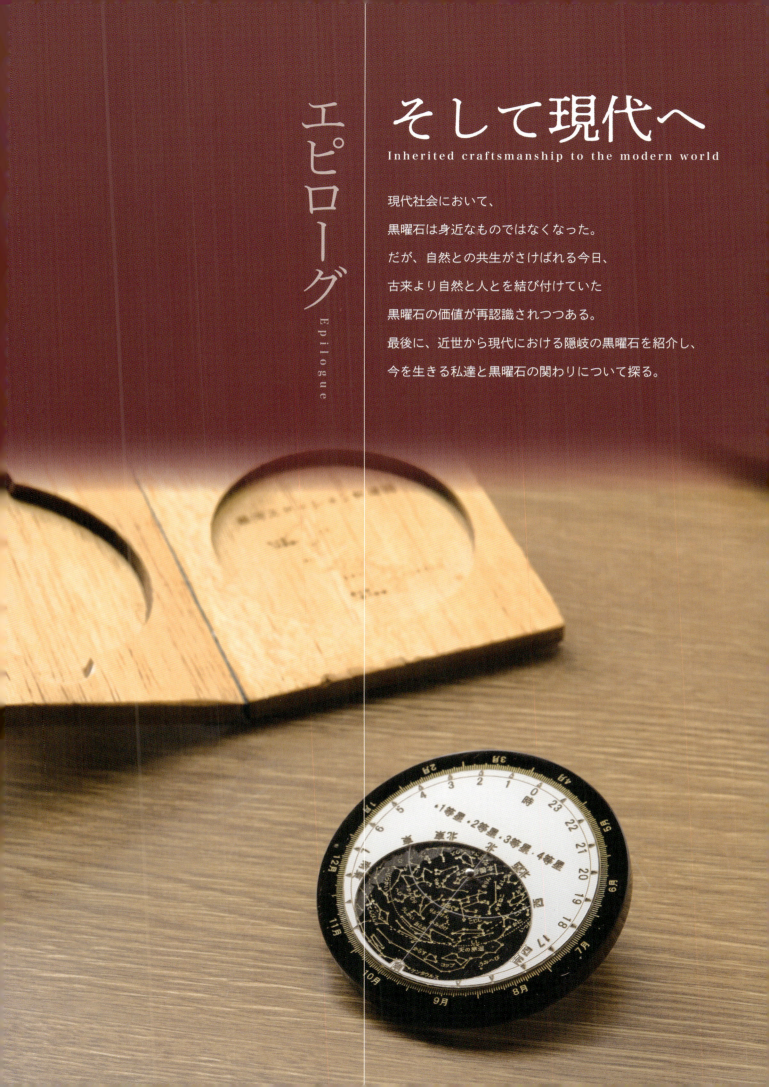

そして現代へ

エピローグ Epilogue

Inherited craftsmanship to the modern world

現代社会において、
黒曜石は身近なものではなくなった。
だが、自然との共生がさけばれる今日、
古来より自然と人とを結び付けていた
黒曜石の価値が再認識されつつある。
最後に、近世から現代における隠岐の黒曜石を紹介し、
今を生きる私達と黒曜石の関わりについて探る。

Ⅳ-1　近世から現代の黒曜石

　一般的に、黒曜石の利用は弥生時代で終わりを迎える。その後、一部の遺跡で利器以外の資料として用いられることはあったが、いずれも散発的にしか確認されていない。ところが、隠岐の黒曜石に関しては、商業的な利用が、少なくとも近世には行われていたことが判明している。

　寛文7（1667）年に書かれた『隠州視聴合紀』には、周吉郡津居村の条に、津井の池（現在の男池・女池）の岸辺で取れる黒曜石を用いて「硯」や「巾着の紐留」を製作していたと記されている。宝永2（1705）年に書かれた『おきのすさび』には、黒曜石を「摺墨石」と呼称し、硯や玉にしたと記述されている。

　同様の内容は、明治や大正時代の文献にも記されており、「硯」の他に「文鎮」、「風鎮」、「玉」などに加工されたと言う。残念ながら、現在これらの製品はほとんど残っておらず、具体的にどのような品が作られていたのかよく分かっていない。興味深いのは、近世以降の文献に登場する黒曜石は全て津井（さい）地域のもので、先史時代に最も多く利用された久見（くみ）地域の黒曜石には一切触れられていない。この傾向は昭和の初め頃まで続いており、当時の隠岐の黒曜石と言えば津井が主流であったようだ。

　久見地域にある久見高丸遺跡では、黒曜石の加工場が見つかっている。ここでは、拳大の原石を大量に集め、表面を剥いで石の質を見ていたことが判明している。地元の聞き取りによると、大正末から昭和の初めにかけて、当地で黒曜石を採掘して、他の地域へ出荷している人達がいたと言う。

　現代では、隠岐の黒曜石を使った様々な工芸品が作られている。その作品は多岐に渡り、芸術と言っても良いほどの作品が生み出されている。これらの作品は、隠岐の特産品として人気を博している。

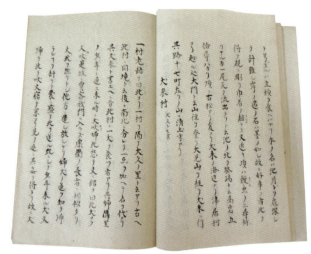

183　隠州視聴合紀
寛文7（1677）年
当館 蔵

隠岐を巡見した郡代らが書き記した。今のところ、隠岐の地誌を伝える最も古い資料の一つである。黒曜石を「墨の如き石」と表現している。

184　おきのすさび
宝永2（1705）年
島根県立図書館 蔵

日御碕神社の神職で、かつ俳人でもあった日置風水の紀行文。黒曜石の様子を「蹄の跡」と表現しており、これは黒曜石の割れ口に生じる同心円状のリングのことを指していると思われる。

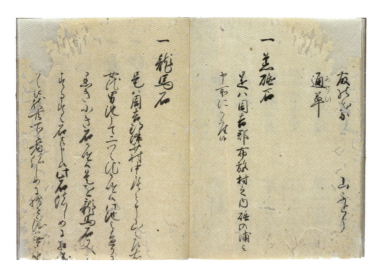

185 隠岐国産物帳
18世紀中頃
当館　蔵

津井の黒曜石を「龍馬石」または「するすみ石」と呼んでいる。また「緒しめ」（財布の緒しめか？）に加工しているようだが、「所之者」（地元の人か？）は「緒しめ」に摺り遣ることはなかったと述べている。

186 久見の黒曜石加工場
隠岐の島町久見高丸遺跡　近世以降
隠岐の島町教育委員会　蔵
［写真提供：隠岐の島町教育委員会］

186-1　久見高丸遺跡の黒曜石出土状況

186-2　久見高丸遺跡出土1層石器群

187 黒曜石製の工芸品
工芸品　現代
隠岐の島町教育委員会／個人　蔵

187-1　布袋像、置物、ペン立て、水差し、おちょこ

187-2　黒曜石の星座盤

188　工芸品製作の様子
八幡黒曜石店
[写真提供：隠岐の島町教育委員会]

IV-2　人と自然と結ぶ石　－隠岐ユネスコ世界ジオパーク－

　隠岐は、自然と文化が織りなす景観が高く評価され、「隠岐ユネスコ世界ジオパーク」として認定されている。その大きな特徴は、何億年も続いている「大地の成り立ち」、大地の上に育まれた「独自の生態系」、今日まで受け継がれてきた「人の営み」を、一つの物語として学べることである。

　黒曜石は、隠岐の大地が生み出した固有の産物である。そして、黒曜石を手にした人びとの営みは、やがて独自の歴史と文化を育み、今へと続いている。その意味では、隠岐の黒曜石は自然と人、人と人、今と昔をつなぐ石であり、まさに隠岐ユネスコ世界ジオパークを体現する石と言えるのではないだろうか。

■大地の成り立ち

189　赤壁
［写真提供：隠岐ユネスコ世界ジオパーク推進協議会］

■独自の生態系

190　オキノウサギ
［写真提供：隠岐ユネスコ世界ジオパーク推進協議会］

■人の営み

191　民謡　キンニャモニャを踊る
［写真提供：隠岐ユネスコ世界ジオパーク推進協議会］

コラム column

黒曜石の地図　－漆黒の耀きにうばわれし心－

「そして、カムパネルラは、円い板のようになった地図を、しきりにぐるぐるまわして見ていました。まったくその中に、白くあらわされた天の川の左の岸に沿って一条の鉄道線路が、南へ南へとたどって行くのでした。そしてその地図の立派なことは、夜のようにまっ黒な盤の上に、一一の停車場や三角標、泉水や森が、青や橙や緑や、うつくしい光でちりばめられてありました」

「この地図はどこで買ったの。黒曜石でできてるねえ」　ジョバンニが云いました。

「銀河ステーションで、もらったんだ。君もらわなかったの」（宮澤賢治「銀河鉄道の夜」より）

ジョバンニの黒曜石の地図への憧れは、作者である宮沢賢治の憧れそのものであったのかもしれない。賢治は"石っこ賢さ"とあだ名されるほど岩石にのめり込んでいたようだ。

映画「もののけ姫」で、蝦夷(エミシ)の少年を思わせるアシタカが首にさげているのは、黒曜石で作られた耀くナイフだ。いつ戻れるかどうかわからない遠い旅路への門出、加護のためカヤという少女が贈ったものである。その愛の証だったのは確かだ。監督の宮崎駿は黒曜石がパワーストーンとして贈与されるという考古学的現象をよく理解しており、その並々ならぬ眼差しがうかがえる描写である。そもそも宮崎は在野の考古学者藤森栄一の熱いファンで、「となりのトトロ」にでてくる女の子メイのお父さん（考古学者で声は糸井重里）は藤森がモデルと言われている。事実、その姿は若い頃の藤森にそっくりだ。

３万年前に起きた鹿児島姶良カルデラの爆発を思わせるような超巨大噴火が現代日本を襲うというカタストロフィックな小説『死都日本』で、2002年鮮烈なデビューを果たした作家の石黒耀【いしぐろよう】の名も、黒耀石に由来するという。少々ひねって漢字を並べ替えたが、その思い入れがハンパない。

ロッキード事件では田中角栄を追いつめた評論家の立花隆も、週刊文春の名コラム「私の読書日記」で、海を越えた太平洋神津島産の黒曜石の謎に注目した。皮肉なことではあるが立花は「旧石器捏造事件」の取材以降、旧石器研究に大きな関心を寄せるようになる。

2012年に幽冥界を異にした考古学者の戸沢充則は藤森栄一の一番弟子でもあるが、自身が明治大学学長を勤めたおり、その名も世界初となる「明治大学黒耀石研究センター」を開設、爾来黒曜石研究をリードする研究機関となる。戸沢は「黒耀石」のかがやきを示す用字「耀」に強い思い入れがあり、やぼな？曜日の「曜」は用いない。

かくいう私もその黒耀石研究センターの末席にいるが、かつては『黒曜石３万年の旅』（NHKブックス1015）という本を上梓した。今では絶版だが、一般書のタイトルに黒曜石という文字がついたのは（僭越ながら）日本ではこれが最初だった。黒曜石研究にのめり込んだ私は、長男に「耀」という名を付けもした（私的事象・恐縮至極）。結局のところ、考古学に全く関心のない長男には迷惑な話に終わったようではある。

このように見てくると、夜のような漆黒の耀きに心をうばわれたのは、はるか石器時代の人々ばかりではなかったのだといえる。

（堤　隆／明治大学黒耀石センター）

192　イーハトーブの野に立つ賢治
[写真提供：林風舎]

賢治は「銀河鉄道の夜」で夜の闇のような黒曜石の美しさを描いた。

展示品目録

図版No	列品No	遺跡・地域名	資料名	指定	所蔵者
\<プロローグ　黒曜石の輝き\>					
2	1	西川津遺跡	原石		島根県埋蔵文化財調査センター
2	1	原田遺跡	台形様石器		島根県埋蔵文化財調査センター
2	1	畑ノ前遺跡	ナイフ形石器		島根県埋蔵文化財調査センター
2	1	宮尾遺跡	石鏃		隠岐の島町教育委員会
2	1	坂長第8遺跡	尖頭器		鳥取県埋蔵文化財センター
2	1	東遺跡	尖頭器		岡山理科大学
3	2	神子柴遺跡	尖頭器	重	個人（伊那市創造館保管）
4	3	仲町遺跡	台形様石器、ナイフ形石器、尖頭器等		野尻湖ナウマンゾウ博物館
5	4	旧白滝15遺跡	ホロカ型彫器石器群		遠軽町教育委員会

第Ⅰ章　黒曜石の眠る島　Chapter1　Oki, obsidian islands

図版No	列品No	遺跡・地域名	資料名	指定	所蔵者
Ⅰ-1　隠岐諸島の形成					
8	5	－	隠岐変成岩類等		隠岐の島町教育委員会
Ⅰ-2　火山活動と黒曜石の誕生					
－	6	－	黒曜石を含んだ流紋岩等		個人
Ⅰ-3　黒曜石の分布と特徴					
13	7	久見地域	巨大原石		個人
14	8-1	久見地域	原石・剥片		個人
15	8-2	加茂地域	原石・剥片		個人
16	8-3	津井地域	原石・剥片		個人
Ⅰ-4　隠岐の先史文化					
18	9	東船遺跡	東船遺跡出土石器群・土器		島根県埋蔵文化財調査センター
18	9	東船遺跡	原石		隠岐の島町教育委員会
19	10	中山遺跡	尖頭器		隠岐の島町教育委員会
19	11	森遺跡	森遺跡出土石器群		隠岐の島町教育委員会
20	12	中村湊遺跡	中村湊遺跡出土石器群・土器		隠岐の島町教育委員会
21	13	美田小向遺跡	美田小向遺跡出土石器群		西ノ島町教育委員会
21	13	美田小向遺跡	美田小向遺跡出土石器群		島根大学考古学研究室
22	14	郡山遺跡	郡山遺跡出土石器群・土器		海士町教育委員会
23	15	四河遺跡	四河遺跡出土石器群・土器・イノシシの歯		西ノ島町教育委員会
Ⅰ-5　黒曜石の獲得者					
30	16	久見高丸遺跡	久見高丸遺跡出土石器群		隠岐の島町教育委員会
31	17	久見宮ノ尾遺跡	久見宮ノ尾遺跡出土石器群		島根大学考古学研究室
Ⅰ-6　黒曜石の港					
34	19-1	宮尾遺跡	宮尾遺跡出土黒曜石石器群		隠岐の島町教育委員会
35	19-2	宮尾遺跡	宮尾遺跡出土礫石器・土器		隠岐の島町教育委員会
－	20	沖手遺跡	丸木舟		島根県埋蔵文化財調査センター
－	21	夫手遺跡	櫂		松江市教育委員会
トピック1　先史人のアトリエ					
38	18	豊成叶林遺跡	豊成叶林遺跡出土石器群	県	鳥取県埋蔵文化財センター

図版No	列品No	遺跡・地域名	資料名	指定	所蔵者

第Ⅱ章　黒曜石の時代　Chapter2 At the age of obsidian

Ⅱ-1　狩りの風景

図版No	列品No	遺跡・地域名	資料名	指定	所蔵者
43	23	－	ナウマンゾウ全身骨格模型		岐阜県博物館
44	22	－	ナウマンゾウ化石		個人
45	24-1	西川津遺跡	角坐骨付鹿角		島根県埋蔵文化財調査センター
46	24-2	西川津遺跡	破砕骨（脛骨）等		島根県埋蔵文化財調査センター
47	24-3	佐太講武貝塚	イノシシ頭骨		松江市教育委員会
－	25	－	シカ・イノシシ・タヌキ・ウサギ剥製		島根県立三瓶自然館

Ⅱ-2　黒曜石を携えた遊動民　―旧石器時代―

Ⅱ-2-1　旧石器時代とは

図版No	列品No	遺跡・地域名	資料名	指定	所蔵者
48	26	港川遺跡	港川人骨頭骨レプリカ		国立科学博物館
52	27	原田遺跡	台形様石器等		島根県埋蔵文化財調査センター
52	27	東船遺跡	台形様石器		島根県埋蔵文化財調査センター
52	27	宮ノ前遺跡	台形様石器		島根県埋蔵文化財調査センター
52	27	古曽志清水遺跡	台形様石器		島根県埋蔵文化財調査センター
52	27	豊成上金井谷遺跡	台形様石器		鳥取県埋蔵文化財センター
53	28	古曽志平廻田遺跡	ナイフ形石器		島根県埋蔵文化財調査センター
53	28	堤平遺跡	ナイフ形石器		島根県埋蔵文化財調査センター
53	28	原田遺跡	ナイフ形石器・角錐状石器・スクレイパー		島根県埋蔵文化財調査センター
－	28	坂長村上遺跡	ナイフ形石器		鳥取県埋蔵文化財センター
－	28	押平尾無遺跡	角錐状石器		鳥取県埋蔵文化財センター
54	29	面白谷遺跡	細石刃核		島根県埋蔵文化財調査センター
54	29	宮ノ前遺跡	削片・細石刃		島根県埋蔵文化財調査センター
54	29	笠見第3遺跡	細石刃核		鳥取県埋蔵文化財センター
54	29	下甲退休原第1遺跡	細石刃		鳥取県埋蔵文化財センター
－	30-1	－	台形様石器の槍復元品		鳥取県埋蔵文化財センター
－	30-2	－	ナイフ形石器の槍復元品		鳥取県埋蔵文化財センター
55	30-3	－	植刃器復元品		国立科学博物館
56・57	31	オーストラリア	槍・槍先・投槍器		国立民族学博物館

Ⅱ-2-2　旧石器人の遊動領域　―ナイフ形石器文化期―

図版No	列品No	遺跡・地域名	資料名	指定	所蔵者
61	32-1	原田遺跡	原田遺跡第Ⅲ文化層出土石器群		島根県埋蔵文化財調査センター
62	32-2	原田遺跡	原田遺跡第Ⅱ文化層出土石器群		島根県埋蔵文化財調査センター
63	32-3	原田遺跡	原田遺跡第Ⅰ文化層出土石器群		島根県埋蔵文化財調査センター
64	33	向泉川平1号遺跡	向泉川平1号遺跡第3文化層出土石器群		広島県教育委員会
65	34	和知白鳥遺跡	和知白鳥遺跡出土石器群		広島県教育委員会
66	35	段遺跡	段遺跡出土石器群		広島県教育委員会
67	36	地宗寺遺跡	地宗寺遺跡出土石器群		広島県教育委員会
68	37	冠遺跡群D地点	冠遺跡群D地点出土石器群		広島県教育委員会
69	38	樽床遺跡群G地点	樽床遺跡群G地点出土石器群		北広島町教育委員会
70	39	門前第2遺跡	門前第2遺跡出土石器群		大山町教育委員会
71	40	名和小谷遺跡	国府型ナイフ形石器		鳥取県埋蔵文化財センター
73	41	野津三第1遺跡	野津三第1遺跡出土石器群		倉吉博物館
74	42	笹畝遺跡第2地点	笹畝遺跡第2地点出土石器群		岡山理科大学
75	43-1	恩原1遺跡	恩原1遺跡R文化層出土石器群		岡山大学考古学研究室
76	43-2	恩原1遺跡	恩原遺跡群O文化層石器群		岡山大学考古学研究室
76	43-3	恩原2遺跡	恩原遺跡群S文化層出土石器群		岡山大学考古学研究室

図版No	列品No	遺跡・地域名	資料名	指定	所蔵者
Ⅱ-2-3	植民集団の到来	―終末期―			
78	44	東船遺跡	細石刃核		島根県埋蔵文化財調査センター
78	44	市場遺跡	細石刃核		島根県埋蔵文化財調査センター
78	44	東遺跡	東遺跡出土石器群		岡山理科大学
80	45	面白谷遺跡	面白谷遺跡出土石器群		島根県埋蔵文化財調査センター
80	45	正源寺遺跡	正源寺遺跡出土石器群		島根県埋蔵文化財調査センター
81	45	上神51号墳	細石刃核		倉吉博物館
82	45	恩原1遺跡	恩原遺跡群M文化層出土石器群		岡山大学考古学研究室
82	45	恩原2遺跡	恩原遺跡群M文化層出土石器群		岡山大学考古学研究室
85	46	幌加沢遺跡遠間地点	両面調整石器・細石刃核・削片・細石刃・削器		遠軽町教育委員会
トピック2	黒曜石利用のパイオニア達				
88	47	井出丸山遺跡	井出丸山遺跡第Ⅰ文化層（SCⅣ～BBⅦ）出土石器群		沼津市教育委員会
89	48	土手上遺跡	土手上遺跡第一地点（BBⅤ）出土石器群		沼津市教育委員会
91	49	日向林B遺跡	日向林B遺跡出土石器群	重	長野県立歴史館
Ⅱ-3	流通網の整備と地域形成	―縄文時代―			
Ⅱ-3-1	縄文時代とは				
93	50-1	福富Ⅰ遺跡	尖頭器		島根県埋蔵文化財調査センター
93	50-1	野津原Ⅱ遺跡	尖頭器		島根県埋蔵文化財調査センター
93	50-1	寺ノ脇遺跡	寺ノ脇遺跡出土石器群		個人
93	50-1	西川津遺跡	削器		島根県埋蔵文化財調査センター
93	50-1	板屋Ⅲ遺跡	石鏃・石錐・削器		島根県埋蔵文化財調査センター
93	50-1	林原遺跡	石錐・抉入石器・釣針型石器・打製石斧・磨製石斧等		島根県埋蔵文化財調査センター
93	50-2	堀田上遺跡	縄文土器		島根県埋蔵文化財調査センター
93	50-2	西川津遺跡	縄文土器		島根県埋蔵文化財調査センター
93	50-2	垣ノ内遺跡	縄文土器		島根県埋蔵文化財調査センター
93	50-2	古屋敷遺跡	縄文土器		島根県埋蔵文化財調査センター
―	50-2	板屋Ⅲ遺跡	縄文土器		島根県埋蔵文化財調査センター
―	50-2	サルガ鼻遺跡	縄文土器		島根県埋蔵文化財調査センター
―	50-1	桂見遺跡	弓		鳥取県埋蔵文化財センター
―	50-1	―	弓矢復元品		鳥取県埋蔵文化財センター
Ⅱ-3-2	黒曜石流通の黎明期	―草創期～早期―			
95	51	西川津遺跡	尖頭器		島根県埋蔵文化財調査センター
95	51	宮ノ前遺跡	尖頭器		島根県埋蔵文化財調査センター
95	51	坂長村上遺跡	尖頭器		鳥取県埋蔵文化財センター
95	51	羽田井退休寺原遺跡	尖頭器		大山町教育委員会
95	51	住吉第2遺跡	尖頭器		大山町教育委員会
96	52	西川津遺跡	西川津遺跡出土石器群		島根県埋蔵文化財調査センター
97	53	板屋Ⅲ遺跡	板屋Ⅲ遺跡第3黒色土下層石器群		島根県埋蔵文化財調査センター
98	54	久城西Ⅱ遺跡	尖頭器		島根県埋蔵文化財調査センター
98	54	堂ノ上遺跡	尖頭器		島根県埋蔵文化財調査センター
98	54	伝匹見町	尖頭器		当館
99	55	日脚遺跡	日脚遺跡出土石器群		島根県埋蔵文化財調査センター
100	56	堀田上遺跡	堀田上遺跡出土石器群		島根県埋蔵文化財調査センター

図版No	列品No	遺跡・地域名	資料名	指定	所蔵者
Ⅱ-3-3	隠岐の黒曜石狂時代	—早期末～中期—			
102	57	西川津遺跡	西川津遺跡出土石器群		島根県埋蔵文化財調査センター
103	58	上長浜貝塚	上長浜貝塚出土石器群		出雲市
104	59	ラント遺跡	ラント遺跡出土石器群		島根県埋蔵文化財調査センター
105	60	北原本郷遺跡	北原本郷遺跡出土石器群		島根県埋蔵文化財調査センター
106	61	志谷Ⅲ遺跡	志谷Ⅲ遺跡第3黒色土出土石器群		島根県埋蔵文化財調査センター
107	62	岩塚Ⅱ遺跡	岩塚Ⅱ遺跡出土石器群		島根県埋蔵文化財調査センター
Ⅱ-3-4	地域性の形成	—後期～晩期—			
109	63	勝負遺跡	勝負遺跡出土石器群		島根県埋蔵文化財調査センター
110	64	北浦松ノ木遺跡	北浦松ノ木遺跡出土石器群		松江市教育委員会
111	65	面白谷遺跡	面白谷遺跡出土石器群		島根県埋蔵文化財調査センター
112	66	中尾H遺跡	中尾H遺跡出土石器群		島根県埋蔵文化財調査センター
113	67	三田谷Ⅰ遺跡	三田谷Ⅰ遺跡出土石器群		島根県埋蔵文化財調査センター
114	68	林原遺跡	林原遺跡出土石器群		島根県埋蔵文化財調査センター
115	69	北原本郷遺跡	北原本郷遺跡出土石器群		島根県埋蔵文化財調査センター
116	70	原田遺跡	原田遺跡出土石器群		島根県埋蔵文化財調査センター
117	71	原田遺跡	石核		島根県埋蔵文化財調査センター
117	71	家の後Ⅱ遺跡	石核		島根県埋蔵文化財調査センター
Ⅱ-4	黒曜石の終わり	—弥生時代—			
Ⅱ-4-1	弥生時代とは				
118	72-1	西川津遺跡	磨製石剣・磨製石鏃・石鏃・石鎌・石包丁等		島根県埋蔵文化財調査センター
118	72-1	タテチョウ遺跡	磨製石戈		島根県埋蔵文化財調査センター
118	72-1	山持遺跡	木鏃		島根県埋蔵文化財調査センター
118	72-1	布田遺跡	両刃石斧・打製石斧		島根県埋蔵文化財調査センター
118	72-2	西川津遺跡	弥生土器		島根県埋蔵文化財調査センター
118	72-2	布田遺跡	弥生土器		島根県埋蔵文化財調査センター
118	72-2	山持遺跡	弥生土器		島根県埋蔵文化財調査センター
Ⅱ-4-2	弥生時代の黒曜石利用				
120	78	矢野遺跡	矢野遺跡出土石器群		出雲市
121	79	鰐石遺跡	鰐石遺跡出土石器群		浜田市教育委員会
122	80	周布古墳	周布古墳出土石器群		浜田市教育委員会
123	81	中小路遺跡	中小路遺跡出土石器群		益田市教育委員会
123	81	羽場遺跡	羽場遺跡出土石器群		益田市教育委員会
Ⅱ-4-3	戦いと黒曜石				
—	72-1	姫原西遺跡	弓・石斧柄		島根県埋蔵文化財調査センター
127	77	新方遺跡	3号人骨（土坑切り取り）	市	神戸市教育委員会
128	73	西川津遺跡	弓		島根県埋蔵文化財調査センター
128	73	タテチョウ遺跡	弓		島根県埋蔵文化財調査センター
128	73	姫原西遺跡	楯		島根県埋蔵文化財調査センター
129	74	西川津遺跡	西川津遺跡出土石器群		島根県埋蔵文化財調査センター
130	75	堀部第1遺跡	堀部第1遺跡出土石器群・玉類・土笛・弥生土器		松江市教育委員会
131	76	友田遺跡	友田遺跡出土石器群・玉類・弥生土器		松江市教育委員会
Ⅱ-4-4	黒曜石から金属器へ				
132-1	82	波来浜遺跡	銅鏃	県	江津市教育委員会

図版No	列品No	遺跡・地域名	資料名	指定	所蔵者
132-2	82	塩津山遺跡	鉄鏃		島根県埋蔵文化財調査センター
132-2	82	上野Ⅱ遺跡	ヤリガンナ		島根県埋蔵文化財調査センター

トピック3　有史以降の黒曜石　―利器以外の黒曜石利用―

図版No	列品No	遺跡・地域名	資料名	指定	所蔵者
133	83	多摩ニュータウンNo.939遺跡	勾玉		東京都教育委員会
134	84	史跡出雲国府跡	玉作関連資料		島根県埋蔵文化財調査センター
135	85	平安京	巡方		京都市考古資料館
136	86	川原宮Ⅰ遺跡	火打石		島根県埋蔵文化財調査センター
136	86	馬場遺跡	火打金		島根県埋蔵文化財調査センター

第Ⅲ章　列島の黒曜石　Chapter3 Obsidian in Japanese Archipelago

Ⅲ-1　列島最大の原産地　―北海道白滝―

図版No	列品No	遺跡・地域名	資料名	指定	所蔵者
142	87	上白滝8遺跡	白滝Ⅰa群	重	遠軽町教育委員会
143	88	上白滝5遺跡	小型舟底形石器群	重	遠軽町教育委員会
143	88	上白滝2遺跡	尖頭器		遠軽町教育委員会

Ⅲ-2　縄文鉱山の開発　―長野県霧ヶ峰―

図版No	列品No	遺跡・地域名	資料名	指定	所蔵者
―	89-1	鷹山遺跡群	条痕文系土器群		黒耀石体験ミュージアム
148	89-1	鷹山遺跡群	加曽利B1式土器		黒耀石体験ミュージアム
―	89-2	鷹山遺跡群	白色粘土から出土した原石		黒耀石体験ミュージアム
149	89-2	鷹山遺跡群	調査区出土石器群		黒耀石体験ミュージアム
―	90-1	星ヶ塔遺跡	諸磯C式土器		下諏訪町教育委員会
152	90-1	星ヶ塔遺跡	角礫原石		下諏訪町教育委員会
―	90-2	星ヶ塔遺跡	大洞BC式土器		下諏訪町教育委員会
154	90-2	星ヶ塔遺跡	ハンマーストーン		下諏訪町教育委員会
155	90-2	星ヶ塔遺跡	原石		下諏訪町教育委員会
156	90-3	武居遺跡	石鏃等		下諏訪町教育委員会
157	91	清水田遺跡	原石		岡谷市教育委員会

Ⅲ-3　海の民の黒曜石　―東京都神津島―

図版No	列品No	遺跡・地域名	資料名	指定	所蔵者
160	93-1	見高段間遺跡	大型原石		河津町教育委員会
161	93-2	見高段間遺跡	石鏃		河津町教育委員会
162	93-3	見高段間遺跡	段間型篦状石器		河津町教育委員会

Ⅲ-4　職人の山　―佐賀県腰岳―

図版No	列品No	遺跡・地域名	資料名	指定	所蔵者
165	94	鈴桶遺跡	鈴桶遺跡出土石器群		伊万里市
166	95	午戻遺跡	午戻遺跡出土石器群・土器		伊万里市
―	96	腰岳遺跡群	石核・石刃		腰岳黒曜石原産地研究グループ

Ⅲ-5　白い黒曜石　―大分県姫島―

図版No	列品No	遺跡・地域名	資料名	指定	所蔵者
171	97-1	横尾貝塚	大型石核		大分市歴史資料館
172	97-2	横尾貝塚	石核・石鏃・石匙		大分市歴史資料館

トピック4　先史時代のミステリー　～神子柴遺跡の謎～

図版No	列品No	遺跡・地域名	資料名	指定	所蔵者
176	92	神子柴遺跡	神子柴遺跡出土石器群	重	個人（伊那市創造館保管）

トピック5　世界の黒曜石

図版No	列品No	遺跡・地域名	資料名	指定	所蔵者
178	98	インドネシア	原石		個人
178	99	北朝鮮	原石		個人

図版No	列品No	遺跡・地域名	資料名	指定	所蔵者
178	100	ロシア	原石		個人
178	102	カナダ	原石		個人
178	105	チリ・イースター島	原石		個人
179	101	パプアニューギニア	ナイフ		国立民族学博物館
180	103	アメリカ	尖頭器		個人
181	104	メキシコ	尖頭器・石鏃・石刃		国立民族学博物館
181	104	メキシコ	石刃核		個人
181	104	グアテマラ	尖頭器		個人
182	106	チリ・イースター島	マタア		東京大学総合研究博物館
182	107	チリ・イースター島	鳥人像・人物像・人面付装身具		東京大学総合研究博物館

エピローグ　そして現代へ　Epilogue Inherited craftsmanship to the modern world

図版No	列品No	遺跡・地域名	資料名	指定	所蔵者
183	108	ー	隠州視聴合紀		当館
ー	109	ー	増補隠州記		島根県立図書館
184	110	ー	おきのすさび		島根県立図書館
185	111	ー	隠岐国産物帳		当館
186	112	久見高丸遺跡	石核・剥片		隠岐の島町教育委員会
ー	113	ー	黒曜石のカットガラス		個人
187	114	ー	布袋像		隠岐の島町教育委員会
187	115	ー	工芸品類		個人
187	116	ー	黒曜石の星座盤		個人

主要参考文献

赤澤秀則2005『堀部第1遺跡』鹿島町教育委員会
池谷信之2005『黒潮を渡った黒曜石　見高段間遺跡』新泉社
池谷信之2009『黒曜石考古学』新泉社
石森秀三編1999『南太平洋の文化遺産』財団法人千里文化財団
伊藤徳広2018「弥生時代における隠岐産黒曜石の利用―島根県を中心として―」『隠岐産黒曜石の獲得と利用の研究』島根県古代文化センター
稲田孝司2001『遊動する旧石器人』岩波書店
稲田孝司2010『旧石器人の遊動と植民　恩原遺跡群』新泉社
稲田孝司2018「黒曜石の原産地遺跡と搬出システム―隠岐黒曜石原産地調査に関連して―」『隠岐産黒曜石の獲得と利用の研究』島根県古代文化センター
稲田陽介2018「石材利用から見た山陰縄文石器群の地域展開」『隠岐産黒曜石の獲得と利用の研究』島根県古代文化センター
稲田陽介・野津哲志2017『久見高丸遺跡』隠岐の島町教育委員会
大阪府立弥生文化博物館2000『神々の源流』大阪府立弥生文化博物館
大阪府立弥生文化博物館2016『鉄の弥生時代』大阪府立弥生文化博物館
大竹幸恵・勝見　護編2015『鷹山遺跡群Ⅶ』長和町教育委員会・鷹山遺跡群調査団
大庭俊次2016『柳堀遺跡・茶臼遺跡・川原宮Ⅱ遺跡』島根県教育委員会
岡崎雄二郎1983「友田遺跡」『松江圏都市計画事業乃木土地区画整理事業区域内埋蔵文化財包蔵地発掘調査報告書』松江市教育委員会
落合昭久2005『田和山遺跡』松江市教育委員会
小畑弘己2002「鈴桶遺跡と鈴桶技法について」『石器原産地研究会会誌　Stone Sources』No.1、石器原産地研究会
及川　穰他2014「島根県隠岐諸島黒曜石原産地の踏査報告」『島根考古学会誌』第31集、島根考古学会
及川　穰他2015「島根県隠岐諸島黒曜石原産地の調査報告」『島根考古学会誌』第32集、島根考古学会
海部陽介2016『日本人はどこから来たのか』文藝春秋
加藤里美他2011「島根県・美保神社境内遺跡出土の玉作資料」『國學院大學伝統文化リサーチセンター研究紀要』第3号　國學院大學伝統文化リサーチセンター
北　浩明2004「細石刃文化期の様相」『第21回中・四国旧石器文化談話会　鳥取県における旧石器文化の様相』
木村英明2005『北の黒曜石の道　白滝遺跡群』新泉社
国立科学博物館2017『世界遺産　ラスコー展』
黒耀石体験ミュージアム2004『黒耀石の原産地を探る　鷹山異性群』新泉社
下森弘之2004「姫島産黒曜石の流通とそのシステム―姫島産黒曜石の分布からの考察―」『黒曜石文化研究』第3号
芝康次郎2018「先史時代における腰岳黒曜石原産地の開発と利用」『隠岐産黒曜石の獲得と利用の研究』島根県古代文化センター
島田和高2009「黒曜石利用のパイオニア期と日本列島人類文化の起源」『駿台史学』第135号
島田和高2012『氷河時代のヒト・環境・文化』明治大学博物館
坂本豊治2010『矢野遺跡』出雲市文化企画部文化財課
榊原博英2008『史跡周布古墳・蔵地宅後古墳・市史跡金田1号墳』浜田市教育委員会
鈴木宏行2016「古北海道半島におけるMIS2・3期の白滝山黒曜石の採取とその変遷」『旧石器研究』No.12、日本旧石器学会
仙台市富沢遺跡保存館2004『石と鉄の考古学―石器の終わりと鉄器の始まり―』仙台市富沢遺跡保存館
髙橋啓一2016「隠岐諸島周辺の海底から産出したナウマンゾウ化石」『隠岐の文化財』第33号
髙橋章司2013「第5章豊成叶林遺跡　第3節旧石器時代の調査」『一般国道9号（名和淀江道路）の改築に伴う埋蔵文化財発掘調査報告書ⅩⅩⅢ』鳥取県埋蔵文化財センター
大工原豊2008『縄文石器研究序論』六一書房
橘　昌信2004「原産地遺跡の石器生産・流通と専業的集団―九州島における先史時代の腰岳産黒曜石の利用―」『黒曜石文化研究』第3号
橘　昌信・多田　仁2013「西南日本における船野系細石刃石器群の形成と展開」『明治大学博物館研究報告』第18号
谷　和隆編2005『上信越自動車道埋蔵文化財発掘調査報告書15　―信濃町内　その1―』長野県教育委員会
堤　隆2004『黒曜石　3万年の旅』日本放送出版協会
堤　隆2011『列島の考古学　旧石器時代』河出書房新書
堤　隆2013『狩猟採集民のコスモロジー　神子柴遺跡』新泉社
堤　隆2018「信州黒曜石原産地の資源開発と供給をめぐって」『隠岐産黒曜石の獲得と利用の研究』島根県古代文化センター
長門町教育委員会2005『世界の黒曜石展　小田静夫コレクション―マヤ・アステカ文明ほか』
長沼　孝2014「北海道　白滝」『季刊考古学』第126号

奈良文化財研究所2004「IV-1 腰帯具・銭貨・印章」『古代の官衙遺跡II遺物・遺跡編』奈良文化財研究所
丹羽野裕2012「第4節安富羽場遺跡出土の石器・石製品」『中小路遺跡・羽場遺跡』益田市教育委員会
丹羽野裕2015「中国地方の後期旧石器文化と松江」『松江市史』松江市史編集委員会
丹羽野裕2018「旧石器時代の隠岐産黒曜石の利用と石材利用から見た遊動領域の検討」『隠岐産黒曜石の獲得と利用の研究』島根県古代文化センター
春成秀爾2013「黒曜石・黒耀石と黒曜岩」『日本考古学』第35号、日本考古学協会
濱 隆造他編2013『倉谷西中田遺跡II・倉谷荒田遺跡II・豊成叶林遺跡・豊成上神原遺跡II』鳥取県埋蔵文化財センター
原田敏照2013『西川津遺跡・古屋敷遺跡』島根県教育委員会
平尾政幸2002「平安京の石銙生産」『銙帯をめぐる諸問題』奈良文化財研究所
平野芳英1988「隠岐島産の黒曜石―島根県内出土黒曜石の蛍光X線分析から―」『隠岐の文化財』第5号
松本美樹2004『中小路遺跡』益田市教育委員会
間野大丞他2006『史跡出雲国府跡-4-』島根県教育委員会
宮坂 清2014『星ヶ塔黒曜石原産地遺跡 ―総括報告書―』長野県下諏訪町教育委員会
森先一貴2010『旧石器社会の構造的変化と地域適応』六一書房
明治大学学術フロンティア推進事業事務局編2011『蛍光X線分析装置による黒曜石製遺物の原産地推定―基礎データ集（2）―』明治大学古文化財研究所
綿貫俊一2003「姫島産黒曜石の流通―大型石核・中型石核，集積遺構―」『石器原産地研究会会誌 Stone Sources』No.3、石器原産地研究会
村上 久2017「隠岐の地質と黒曜石」『第34回中・四国旧石器文化談話会 隠岐産黒曜石原産地研究の現状と課題』
村上 久2018「隠岐の地質と黒曜石」『隠岐産黒曜石の獲得と利用の研究』島根県古代文化センター
山口英正編2003『新方遺跡 野手西方地区発掘調査報告書1』神戸市教育委員会
山田康弘2015「縄文時代の松江―狩猟・採集・漁撈の生活」『松江市史』松江市史編集委員会
Gauvry,Y.2008 Intensive extraction of non-metallic minerals during the early protohistory in the northern half Europe. In European association of archaeologists,12th annual meeting Cracow Poland,19th-24th September 2006, Flint mining in prehistoric Europe: Interpreting the archaeological records, Edited by Pierre Allard, Francoise Bostyn, Francoise Giligny and Jacek lech. BAR international Series 1891, pp139-153

協力機関・協力者 (五十音順・敬称略)

本展覧会の開催にあたり、貴重なご所蔵品をご出品いただきました所有者の皆様、ならびにご協力を賜りました多くの皆様に厚く御礼申し上げます。

海士町教育委員会、海士町後鳥羽院資料館、出雲市、出雲弥生の森博物館、伊那市教育委員会、伊那市創造館、伊万里市、伊万里市教育委員会、遠軽町教育委員会、大分県立埋蔵文化財センター、大分市教育委員会、大分市歴史資料館、岡山市教育委員会、岡山大学、岡山理科大学、隠岐郷土館、隠岐自然館、隠岐の島町観光課、隠岐の島町教育委員会、隠岐ユネスコ世界ジオパーク推進協議会、鹿島歴史民俗資料館、上伊那考古学会、河津町教育委員会、北広島町大朝文化センター、北広島町教育委員会、北広島町芸北文化ホール、岐阜県博物館、京都市考古資料館、倉吉博物館、江津市教育委員会、神戸市教育委員会、神戸市埋蔵文化財センター、独立行政法人 国立科学博物館、大学共同利用機関法人 人間文化研究機構 国立民族学博物館、黒耀石体験ミュージアム、腰岳黒曜石原産地研究グループ、島根県埋蔵文化財調査センター、島根県立三瓶自然館、島根県立図書館、島根大学、下諏訪町教育委員会、下諏訪町埋蔵文化財センター、白滝ジオパーク交流センター、大山町教育委員会、東京大学総合研究博物館、東京都教育委員会、東京都埋蔵文化財センター、鳥取県教育委員会、鳥取県埋蔵文化財センター、長野県立歴史館、長和町教育委員会、西ノ島町教育委員会、西ノ島ふるさと館、沼津市教育委員会、野尻湖ナウマンゾウ博物館、浜田市教育委員会、広島県教育委員会、（公財）広島県教育事業団事務局埋蔵文化財調査室、ふじのくに地球環境史ミュージアム、北海道立埋蔵文化財センター、益田市教育委員会、松江市教育委員会、明治大学黒耀石研究センター、八幡黒曜石店、林風堂

稲田孝司、及川 穣、芝康次郎、須藤隆司、隅田祥光、竹広文明、堤 隆、永海 佐、野津哲志、野津幹雄、村上 久、八幡浩二

島根県立古代出雲歴史博物館　企画展
「隠岐の黒曜石」

初版　平成30(2018)年3月23日発行

発行　島根県立古代出雲歴史博物館
　　　〒699-0701 島根県出雲市大社町杵築東99-4
　　　TEL　0853-53-8600(代)
　　　FAX　0853-53-5350
　　　URL　http://www.izm.ed.jp/

販売　ハーベスト出版
　　　〒690-0133 島根県松江市東長江町902-59
　　　TEL　0852-36-9059
　　　FAX　0852-36-5889
　　　URL：http://www.tprint.co.jp/harvest/
　　　E-mail：harvest@tprint.co.jp

印刷　株式会社谷口印刷

製本　株式会社日宝綜合製本

落丁本・乱丁本はお取替えいたします。
Printed in Japan
ISBN978-4-86456-266-9 C0021 ¥1500E